Lorna Todd

Im Lichtreich der Engel und Naturgeister

Kontakt und Kommunikation
mit unseren unsichtbaren Helfern

Hrsg. Jürgen Grasmück

Mysterium des Übersinnlichen
Bd. 2

Die Deutsche Bibliothek – CIP-Einheitsaufnahme

Todd, Lorna:
Im Lichtreich der Engel und Naturgeister/Lorna Todd,
Übers. aus dem Engl.: Vicky Gabriel.-
Altenstadt: Grasmück, 2000
(Mysterium des Übersinnlichen)
ISBN 3-931723-07-0

IM LICHTREICH DER ENGEL UND NATURGEISTER
1. Auflage 2000

Titel der engl. Originalausgabe:
WORKING WITH ANGELS AND NATURE SPIRITS, 1998,
© Lorna Todd und Kima Global Publishers, 7701 Cape Town, South Africa

Alle Rechte – auch die des auszugsweisen Nachdrucks, der fotomechanischen
Wiedergabe und der Übersetzung – vorbehalten.

© Deutschsprachige Ausgabe:
VERLAG K. GRASMÜCK
Lindenweg 9, 63674 Altenstadt,

Übersetzung: Vicky Gabriel
Lektorat und Bearbeitung: Sis Bergmann
Titelbild: Pamela Matthews
Umschlaggestaltung und Layout: Maria Anna Schmitt
Druck: Kossuth AG, Ungarn

ISBN 3-931723-07-0

INHALT

Einführung 9

TEIL I
Engel des Lichts 13

Engel 14
Die Erzengel 17
Die Ordnung der Engel 20

Spezielle Engel
Die Engel der Liebe 22
Die Engel der Heilung 25
Die Engel des Friedens 28
Die Engel der Macht 30
Die Engel der Weisheit 31
Die Engel der Sonne 32
Die Engel des Aufstiegs 34
Die Engel des Mutes 35
Die Engel der Vergebung 36
Die Engel des Überflusses 37
Die Engel der Zärtlichkeit 38
Die Engel der Kreativität 38
Ihr Schutzengel 39

TEIL II
Naturgeister der Bäume und Blumen 46

Esche 55
Birke 56
Zeder 57
Kastanie 58
Ulme 59
Eiche 60

Kiefer.. 61
Bergahorn.. 62
Eibe... 63
Weide.. 64
Nelke... 66
Geranie... 67
Jasmin... 68
Lavendel... 69
Lotus... 70
Rose.. 71
Veilchen.. 73

TEIL III
Naturgeister des Tierreichs.................................... 75

WURZELCHAKRA... 80
Stier... 80
Bär... 81
Drache... 82

SAKRALCHAKRA... 83
Fisch.. 83
Wolf... 84
Biene... 85

SOLAR PLEXUS CHAKRA... 86
Löwe.. 86
Katze... 86
Hund.. 87

HERZCHAKRA... 88
Antilope.. 88
Schwan... 88
Taube.. 89

KEHLKOPFCHAKRA.. 90
Elefant... 90
Eule... 91
Pferd... 91

STIRNCHAKRA.. 92
Delphin.. 92
Einhorn.. 93

KRONENCHAKRA.. 95
Schlange.. 95
Adler... 95

TEIL IV
Naturgeister des Mineralienreichs..................................100

Amethyst...103
Bernstein...105
Bergkristall..106
Zitrin...108
Diamant...109
Smaragd..110
Granat...111
Jade...112
Lapis Lazuli..113
Mondstein..115
Obsidian..116
Opal...117
Rosenquarz..118
Rubin...119
Saphir..120
Selenit...121
Tigerauge...122
Topas...123
Turmalin...124

Dieses Buch ist meinem Mann Peter in Liebe gewidmet. Ich danke ihm für all seine Hilfe, Geduld und seine Ermutigung. Ebenso danke ich all meinen Engelfreunden, den menschlichen wie auch den ätherischen.

Einführung

Dieses Buch wurde mit viel Liebe geschrieben und ist dem Reich der Engel sowie den Naturreichen gewidmet. Es war mir schon als Kind möglich, das Licht von Engeln und Naturgeistern zu sehen.Ich möchte meinen Lesern sagen, daß an mir oder meinen Fähigkeiten nichts Besonderes ist. Mit etwas Übung kann jeder von Ihnen diese glorreichen Lichtwesen spüren, sie sehen und mit ihnen kommunizieren. Betrachten Sie es einfach als eine Reise, ein Abenteuer, wobei Sie jeder Tag dem Wesen und der bedingungslosen Liebe der Engel näher bringt. Der einzige Schlüssel, den Sie dazu benötigen, ist Liebe aus tiefstem Herzen und der feste Glaube an die Existenz jener Wesen.

Beginnen Sie Ihre Reise indem Sie Ihrem Engel oder Engeln den Tag widmen. Mit einem oder mehreren ENGELSTAGEN. Bringen Sie zum Beispiel bereits im Augenblick des Erwachens Engel in Ihre Gedanken und vor Ihr inneres Auge. Beobachten Sie dann im Laufe des Tages, wieviele Ereignisse mit Engeln in Verbindung stehen – wenn Sie dieses Wort geschrieben sehen, jemand diese Wesen erwähnt oder wenn Sie ein wunderschönes Ornament in Engelform betrachten. Am Ende des Tages werden Sie erstaunt sein, wieviele Ereignisse auf diese Weise Ihre Aufmerksamkeit auf sich zogen.

Nehmen Sie sich in den folgenden Tagen und Wochen Zeit, um mit Ihrem Engel in Kontakt zu kommen. Rufen Sie einfach. Die Vorstellungskraft ist eines der größten Geschenke, mit denen wir gesegnet wurden. Was Sie in Ihrer Vorstellung sehen und mit dem Gefühl der Liebe ausstatten, wird sich in Ihrer Realität schnell zu zeigen beginnen. Sie werden fühlen, wie sich die Wesenheiten, mit denen Sie Kontakt suchen, sich Ihnen zuneigen, und sanft zu führen beginnen, wenn Sie dies wünschen. Sie werden bemerken, daß an Tagen, an denen Sie Ärger und Kummer verspüren, und Sie die Engel des Friedens und der Vergebung anrufen und bitten zu helfen, diese Hilfe augenblicklich da ist. Sie werden spüren und wissen, daß Ihnen geholfen wurde. Engel sind Meister in der Verwandlung negativer in positive Energien.

Sie fühlen sich ruhiger, gelassener und werden in Zukunft auch mit den Ärgernissen des täglichen Lebens besser umgehen können.

Für jede Begebenheit in Ihrem Leben können Sie mit den Engeln zusammenarbeiten. Sie freuen sich sehr, wenn sie gerufen werden, denn die göttliche Aufgabe der Engel besteht auch darin, den Menschen auf jede erdenkliche Weise zu helfen, ein Leben in Liebe, tiefer Zufriedenheit und Freude zu leben. Das wiederum hilft den geistigen Welten, ihre Aufgaben im gesamten Universum für Gott und das Licht zu vollbringen.

Engel zeigen sich auf jede Weise, die Sie bereit sind, zu akzeptieren. Einer meiner Freunde nimmt sie mit prachtvoll gefiederten Flügeln wahr. Ich sehe meine Engel als fließendes Licht. Ich habe kleine Meditationen beigefügt, die Ihnen helfen können, die Herrlichkeit dieser Wesenheiten zu spüren und mit ihnen vertraut zu werden. Ich möchte Sie ermutigen, sich mit den Namen der Erzengel vertraut zu machen, die Bibel nennnt einige von ihnen. Darunter Gabriel, Michael, Raphael, Uriel, Ariel und viele mehr. Um Ihren persönlichen Engel kennenzulernen, fragen Sie einfach nach seinen Namen. Der Name, der Ihnen in den Sinn kommt, ist der Engel der Sie begleitet. Wenn Sie Erzengel Michael rufen, wird Ihnen Kraft und Schutz zuteil. Raphael – der Engel der Heilung – wird Ihren Körper mit den Energien der Heilung anfüllen. Es ist die Aufgabe der Erzengel uns zu helfen, das Licht Gottes in uns zu spiegeln und wir nehmen unser Geburtsrecht in Anspruch, wenn wir die Engel anrufen und um Hilfe bitten.

Wolken eignen sich ganz wunderbar zum Entdecken von Engelsformen. Im letzten Jahr führte ich am letzten Augustabend mit einer Gruppe von Menschen ein Feuerritual durch. Die Sonne versank gerade hinter dem Horizont, und die Dämmerung breitete sich sanft um uns herum aus. Plötzlich sahen einige von uns zum Himmel hinauf und bemerkten, daß sich die Wolken wie zu vier Engeln geformt hatten. Einer von ihnen war Michael, der sein Flammenschwert in die Lüfte reckte. Hinter ihm erstrahlten drei weitere prachtvolle Lichtwesen, welche ihn als Teil der himmlischen Heerscharen so herrlich begleiteten. Ich sagte: „Etwas Großes und Bedeutsames wird sich bald ereignen!" Einige Stunden später – um zwei Uhr früh in der folgenden Nacht – tat Prinzessin Diana ihren letzten Atemzug und ging hinüber ins Licht. Die Engel und Erzengel am Himmel waren dort, um sie willkommen zu heißen; die himmlischen Chöre sangen Lieder der Freude und Hoffnung. Durch ihren Tod öffnete

Diana die Zentren vieler Herzen, welche ohne sie verschlossen und unfruchtbar geblieben wären.

Ich habe kürzlich eine wunderschöne Geschichte über eine Großmutter und ihr gerade verstorbenes Enkelkind gelesen. Monatelang war es dieser lieben Frau und ihrer Tochter beinahe unmöglich, den Schmerz zu ertragen. Eines Nachmittags saß die Großmutter im Garten und blickte ebenfalls in den Himmel hinauf; dort gestalteten die Wolken ein Wunder der Liebe und des Mitleids. Sie sah die Figur eines Engels, welcher in seinen Armen die Form eines kleinen Kindes hin- und herwiegte. Die Großmutter wußte ohne jeden Zweifel, daß es sich dabei um ihr Enkelkind handelte, welches sich sicher und wohlbehalten bei den Engeln befand. Ihr Kummer schwand, und sie konnte sich wieder am Leben erfreuen.

Wenn Sie das Buch lesen, arbeiten Sie bereits mit den von mir erwähnten Engeln. Rufen Sie dann auch andere an, zu denen Sie sich hingezogen fühlen. Wenn Sie mit dem Geist lauschen, werden auch Sie die himmlischen Worte hören, denn Engel sind wahrhaftig Boten Gottes und die Erschaffer jeglicher Form, auf welcher Ebene auch immer.

Ich bin mir kürzlich eines herrlichen Erzengels bewußt geworden, welcher als Engel der Gegenwart oder auch der Anwesenheit bekannt ist. Er ist der Engel unseres Höheren Selbst, der Engel unseres Geistes. Dieses Lichtwesen wohnt nahe am Herzen Gottes und freut sich sehr darüber, nun endlich der Menschheit nahekommen zu können. Wenn wir unsere Herzen und unseren Geist erweitern, wird der Engel der Gegenwart uns viele Worte der Weisheit bringen. Diese Wahrheit wird uns ziemlich vertraut sein, da es sich um Wissen handelt, welches wir in früheren Leben auf der Erde und in anderen Galaxien und Sonnensystemen schon einmal erfahren haben.
Im gesamten Universum befinden sich Heerscharen der Engel, welche von solcher Größe sind, daß wir ihre wahre Herrlichkeit nicht einmal erahnen können. Viele von ihnen begeben sich nun in die Nähe der Erde, um die Ereignisse auf diesem besonderen und doch recht kleinen Planeten im äußeren Bereich der Galaxis mitzuerleben. Die gesamte Schöpfung auf Mutter Erde erhebt sich in das Licht. Wir gehen nach Hause – zurück zum Herzen unseres Schöpfers.

Es ist allgemein bekannt, daß die Astronauten bei ihrem ersten Besuch des Mondes aus der Raumkapsel sahen und bemerkten, wie riesige Engel sie auf ihrer Mission begleiteten. Als sie zur Erde zurückkehrten, hatte sich jeder von ihnen auf eine bestimmte Weise verändert. Genau das geschieht gerade mit der Menschheit und diesem Planeten – wir verändern und verwandeln uns in die KINDER GOTTES – wir treten in unser eigenes Licht und unsere eigene Kraft ein.

Ich hoffe, jeder von Ihnen wird dieses kleine Buch genießen und spüren können, wie die Liebe der Engel alles durchdringt. Halten Sie Ihre Hand über den Umschlag dieses Buches, und Sie werden erleben, wie die Kraft der liebenden und heilenden Energien der Engel in Ihre Handfläche strömt.

Möge die Freude ihres Segens
Und das Licht ihres Angesichts
Deinen Pfad erhellen,
Auf Deiner Reise zurück zu Deinem wahren Zuhause
IM HERZEN GOTTES.

Lorna Todd

TEIL I

Engel des Lichts

Engel des Lichts

Manche behaupten, daß es keine Engel gibt.
Aber ich habe geseh'n, wie sie flogen,
Am tiefblauen Himmel die Bahnen zogen,
Wie Nebel die Flügel, vom Mondlicht geliebt.
Ihre Gewänder schwebend, wiegend
Weich wie ein Spitzenschleier, wechselnd,
Von der Brise getragen, wo immer sie weht.

Zwei waren dort mit gebreiteten Schwingen.
Brachten die Botschaft von himmlischen Dingen.
Leise hör' einen Chor ich singen
In göttlicher Anmut
Erklingt der ganze Raum,
Und reichlich Freude und Frieden genannt
Mit Ehrfurcht sah ich ...
Und stand wie gebannt.

Hope Denoon

ENGEL

*K*ürzlich hatte ich das Vergnügen, nach Perth zu fliegen. Von dort aus begann ich eine neunwöchige Reise durch Australien und Neuseeland. Die Engel grüßten mich, sowie ich meinen Fuß auf dieses schöne Land setzte. Ich fuhr nach Busseldon, um dort an einem Engel-Seminar teilzunehmen, und wollte mich auf dem Weg dorthin mit den Delphinen verbinden. Wir waren zu viert in einem Wohnmobil. Spontan schlug jemand einen kurzen Halt in einer kleinen Stadt namens Bunbury vor, wo wir auf einen niedrigen Hügel stiegen und auf das Meer hinaus blickten. Wir sahen zwar keine Delphine, doch fielen einem einige in den herrlich weißen Sand geschriebene Buchstaben auf. Es waren zwei in Schreibschrift verfaßte Worte, die zu unserem großen Erstaunen „CHEERS LORNA" (etwa: ein Hoch auf Lorna) bedeuteten. Welch ein wundervolles Willkommen gaben uns da die Engel des Lichts! In dem Augenblick wo Sie Engel in Ihr Leben bringen, wird es nie mehr so wie vorher sein.

Es gab Zeiten – und die sind noch gar nicht so lange her – wo man jene, die von der Existenz von Engeln und dem Feenreich sprachen, als verrückt oder zumindest exzentrisch betrachtete. Glücklicherweise werden diese Dinge mittlerweile ebenso im Fernsehen wie auch in Tageszeitungen immer häufiger angesprochen; mehr und mehr Menschen sehen sich in der Lage, von ihren Erlebnissen zu berichten, ohne sich der Ablehnung auszusetzen oder der Lächerlichkeit preiszugeben. Man erzählt sich von Engeln, deren Eingreifen Unfälle oder andere negative Geschehnisse verhinderte.

Vor einigen Jahren fragte mich ein Mann, ob er mit mir über Engel sprechen könne. Er war sehr nervös, und meine Fragen brachten zum Vorschein, daß er als Kind einen Engel gesehen hatte, der am Fußende seines Bettes erschienen war. Er versicherte mir, nicht geschlafen zu haben, da er gerade in einem Buch gelesen hätte, und beschrieb den Engel als helle Lichtgestalt ohne klar umrissene Form. Aus der Mitte dieser Gestalt flossen Bänder aus goldener Energie, die seinen gesamten Schlafraum erfüllt hätten.

Danach war es ihm unmöglich, mit irgend jemandem über sein Erlebnis zu sprechen. Anstatt für die Begegnung mit einem himmlischen Wesen dankbar zu sein, ging ihm das Ereignis solange durch den Kopf, bis er tatsächlich glaubte, verrückt zu werden. Als er mir schließlich begegnete, war er bereits mehr als vierzig Jahre alt, doch die Erinnerung war noch immer so frisch, als habe er seinen Engel erst gestern gesehen. All diese vielen Jahre hindurch hatte er geglaubt, „nicht ganz richtig im Kopf zu sein". Ich sprach mehrere Stunden lang mit ihm und versicherte ihm, daß er absolut „normal" sei. Ich erzählte ihm von meinen eigenen Erfahrungen und von der Herrlichkeit des himmlischen Reiches. Wie traurig, daß ein solch wunderbares Ereignis die Quelle niemals endender Sorge und Traurigkeit wurde, anstatt den Mann für die spirituelle Wahrheit zu erwecken! Die Engel kommen voller Liebe zu uns und warten geduldig darauf, uns zu Diensten sein zu können. Ich glaube, daß wir an der Schwelle eines neuen Anfangs stehen, einer Zeit, in welcher sich die Menschheit wieder auf diese Lichtwesen besinnt und auf diese Weise ihre eigene spirituelle Reise unterstützt.

Das Konzept der Engel ist nicht neu. Sie begleiten uns seit wir das Herz Gottes in Form kleiner Lichtfunken verließen, um unsere lange Reise in die materielle Erscheinungsform anzutreten. Bevor wir uns auf der Erde niederlassen konnten, mußten wir mit der Konstruktion unserer anderen Körper beginnen, des geistigen, mentalen, astralen und des ätherischen Körpers. Eine große Gruppe der himmlischen Heerscharen zog in die Nähe unserer Erde, und viele von ihnen kamen sogar aus anderen Universen zu uns. Sie kamen aus Liebe zu diesen winzigen Lichtfunken, die eines Tages schließlich Individuen mit der Macht des freien Willens werden sollten. Dieses Privileg, das Gott uns verlieh, damit ein kleiner Teil seines himmlischen Plans erfüllt werde, wurde den Bewohnern von nur wenigen Planeten gewährt. Seraphime und Cherubime, die Herren der Flamme, der Weisheit, der Schönheit und des Geistes. Erzengel und Engel – sie alle zog es über eine lange, lange Zeit hin zum Planeten Erde, bis die Menschheit auf ihren eigenen Füßen stehen konnte und sich zu fühlenden und denkenden Individuen entwickelt hatten – zu einem werdenden Gott. Wir haben von der Herrlichkeit dieser Besucher keine Vorstellung, aber ich bin sicher, daß sie uns auf unserer Reise zurück zum Herzen Gottes begleiten und unseren Triumph mit Freude verfolgen werden.

Wenn Sie Engel in Ihr Bewußtsein rufen, füllt sich Ihr Leben mit Freude und Glück. Seit meiner frühesten Kindheit stimme ich mich bereits auf das Wesen der Engel und Naturgeister ein, und auf den Seiten dieses Buches möchte ich auch meinen Lesern den Zauber ihrer Worte nahebringen.

Wann immer ich Engel sehe – sei dies mit der inneren Sicht oder mit meinen physischen Augen – zeigen sie sich mir als reines weißes oder goldenes Licht. Ich sehe eine Art Umriß in Engelsform und ihr Herzzentrum, aus welchem sich bedingungslose Liebe und heilende Strahlen in unsere Welt ergießen. Ihre Augen sind immer von Mitleid und Mitgefühl erfüllt. Engel können einfach nicht verstehen, warum wir mit dem Wort „Liebe" solche Schwierigkeiten haben. Was für die Menschheit so kompliziert ist, stellt sich ihnen so einfach dar!

Engel helfen uns bei jeder der vielen Erfahrungen, die wir Tag für Tag machen. Wir müssen nur darum bitten, und schon werden sie zu unserer Unterstützung herbeieilen. Es gibt Engel des Geldes, Engel der Beziehungen, Engel, die mit Computern zu tun haben und Engel, die uns mit unseren Kindern helfen können. Ich möchte Sie dringend bitten, Ihr Heim diesen himmlischen Boten zu öffnen und so Harmonie in Ihr tägliches Leben zu bringen. Schaffen Sie irgendwo in Ihrem Haus einen kleinen Altar, um die Lichtwesen zu ehren. Stellen Sie dort ein Bild und ein paar Blumen auf, dann werden die Engel sich darüber freuen. Wenn Sie das Haus eines Freundes betreten, grüßen Sie die Engel, die dort anwesend sind und segnen Sie alle, die in diesen vier Wänden leben.

Ich möchte all meine Leser dazu ermutigen, Engel auch in ihren Meditationen und Gebeten willkommen zu heißen. Auf diese Weise werden Sie die große Liebe entdecken, welche das himmlische Reich für Sie bereit hält. Ihr Denken sei von Güte und Milde bestimmt, Sanftheit und Frieden sei Ihr Ziel. Dann werden Ihre Schritte auf dem Pfad der menschlichen Erfahrung vom Licht himmlischer Schwingen erleuchtet sein.

DIE ERZENGEL

Auf den höheren Bewußtseinsebenen weilen Wesen aus purem Licht, die sogenannten ERZENGEL. Diese sind der vollkommene Ausdruck von Gottes Willen, seiner Macht sowie seiner Liebe und haben einen höheren Rang als Engel. Auch dienen sie in weiterreichenden Spären des menschlichen Lebens. Viele dieser wunderbaren Lichtträger bewegen sich zur Zeit aus anderen Teilen des Universums hin zu unserer Welt. Sie kommen, um zu helfen und an jenem großen Bewußtseinssprung teilzuhaben, welcher der Menschheit nun widerfahren wird, da wir in das Goldene Zeitalter der Transformation und des Aufstiegs eintreten.

Obwohl die Erzengel weder männlich noch weiblich sind, haben sie weibliche Ergänzungen:

MICHAEL UND FAITH (Vertrauen, Glaube) – die Führer der himmlischen Scharen der Engel und Erzengel.

JOPHIEL UND CHRISTINE – Sie bringen durch Weisheit und Menschlichkeit die Liebe zu uns.

GABRIEL UND HOPE (Hoffnung) – Sie repräsentieren die Trompete oder die Stimme Gottes.

RAPHAEL UND DIE MUTTER MARIA – Sie bringen der Menschheit die göttliche Heilung.

URIEL UND AURORA – Sie repräsentieren das Feuer Gottes.

ZADKIEL UND AMETHYST – Sie repräsentieren das Mysterium und das Ritual Gottes.

Im Augenblick steht ein ganz bestimmter Erzengel im Dienste der Menschheit. Er ist bekannt als METATRON – König der Engel und größter Engel im Himmel. Er nähert sich uns, um allen Menschen der Welt beim Aufstieg ins Licht des goldenen Zeitalters zu helfen.

Als Metatron das erste Mal in meinen Meditationen erschien, kam er als gewaltige Säule aus Licht, so hell, daß ich es nicht wagte, ihm direkt ins Angesicht zu blicken. Er gab mir die folgende Botschaft für die Menschheit:

„Seid in Frieden. Ich bringe Euch die Liebe und das Mitleid aus dem Herzen Gottes. Ich bin ein Teil dieser großartigen Energie, ebenso wie auch Ihr ein Teil des Schöpfers seid. Wir sind alle eins, denn es gibt keine Trennung. Ihr seid mit jedem Atom des Universums vereint. Jeder Stern, jedes Sonnensystem und jedes einzelne Sandkorn ist Euer Bruder und Eure Schwester. In Euren Herzen befindet sich alles Wissen, alle Weisheit und alle Wahrheit des Universums.

Ich bringe Eurem Planeten die wunderschönen Energien und Schwingungen des Goldenen Zeitalters, das nun begonnen hat. Nehmt Eure Geburtsrechte an und erwacht zur Vision Eurer eigenen Göttlichkeit. Viele Seelen möchten in dieser Zeit auf der Erde geboren werden, doch Ihr wurdet erwählt. So höret meine Worte und vereinigt Euch mit der Schar der Lichtträger, welche mit hoch erhobenen, flammenden Fackeln die Dunkelheit vertreiben, auf daß Euer ganzer Planet in glänzendem Licht erstrahle.
Ihr müßt nur meinen Namen rufen, und ich werde bei Euch sein. Laßt meine Energien alle Verstimmungen, alle Ängste und allen Ärger auflösen. Ich trage den silbernen Mantel des Schutzes, welchen ich um Eure Schultern legen werde. Gebt Eure Hand in die meine, und zusammen werden wir auf dem Pfad der bedingungslosen Liebe wandeln.

Laßt mich ein in Eure Meditationen. Mein Name soll auf Euren Lippen liegen, wenn Ihr Euch in den Schlaf begebt. Auf diese Weise kann ich Euch mit hinauf nehmen in die spirituellen Höhen, wo Ihr einen flüchtigen Blick erhaschen könnt auf jene herrlichen Mühen, welche Gott um der Menschheit willen auf sich nimmt.

Nehmt auf das Schwert des Lichts und der Wahrheit und werdet spirituelle Krieger! An Euren Taten wird man Euch erkennen, und durch Eure Liebe werdet Ihr gesegnet sein."

Nun folgt eine Widmung an den Erzengel Michael,
der die Dunkelheit mit seinem flammenden Lichterschwert
zerteilt:

Oh gesegneter Michael,
Großer Architekt der Sonne,
Der du den Willen des Weltenvaters durchsetzt;
Du schreitest voran mit all deiner Kraft,
Und dein Schwert des Lichts zerteilt die Dunkelheit.
Dein Herz ist eine reine Flamme der Liebe,
Strahlend und stark,
Denn du trägst das Licht, welches Christus ist,
Hinab in die dunkle Erde.
Gib uns von deiner Stärke,
Kleide uns in deine Rüstung aus Licht,
Und entzünde in unseren Herzen die reine
Flamme der Liebe,
Auf daß wir unseren Weg strahlend und fest
Zu gehen vermögen,
Mit uns tragend das Licht, welches Christus ist,
Zu den dunklen Orten.

DIE ORDNUNG DER ENGEL

Es gibt drei hierarchische Ordnungen der Engel. Jede besteht aus drei Chören, was die folgenden neun Engelschöre ergibt.

JENE, DIE DEM THRON GOTTES AM NÄCHSTEN STEHEN

DIE SERAPHIME: Die höchste Ordnung ist jene der Seraphime, die über reinigende und erleuchtende Kräfte verfügen. Sie werden mit sechs Flügeln und in einem Flammenkranz stehend dargestellt. Sie umgeben den Thron Gottes und erfüllen die himmlischen Befehle. Sie preisen Gott in alle Ewigkeit – „Heilig, heilig, heilig ist der Herr der himmlischen Scharen".

DIE CHERUBIME: Sie verfügen über die Macht des Wissens und sind die himmlischen Ratgeber. Im gesamten Kosmos sind sie die Wächter des Lichts.

DIE THRONE: Sie arbeiten ebenfalls als himmlische Ratgeber unter den Cherubimen. Sie werden als Räder aus Feuer dargestellt und sind die Schutzengel eines jeden Planeten. Sie repräsentieren das Göttliche in allem, was lebt.

GÖTTLICHE PRIESTER UND PRINZEN DES HIMMLISCHEN HOFSTAATES

DIE HERRSCHAFT: Diese Wesen tragen Schwert und Zepter als Symbol für ihre majestätische und göttliche Macht über die gesamte Schöpfung. Sie helfen bei der Abstimmung der materiellen und geistigen Welten aufeinander.

DIE TUGENDEN: Sie nehmen den Willen Gottes in sich auf und umgeben Mutter Erde mit reinen und göttlichen Energien.

DIE MÄCHTE: Sie tragen flammende Schwerter, um die Menschheit zu beschützen. Sie helfen bei der Verankerung des Lichts aus Gottes himmlischem Plan für unseren Planeten und bringen der Menschheit die Vision der Einheit mit der gesamten Schöpfung.

DIE BETREUENDEN ENGEL

DIE PRINZIPALE: Diese Wesen sind die Wächter größerer Vereinigungen wie zum Beispiel von großen Siedlungen, Städten und Nationen. Darüber hinaus überwachen diese die Führer der himmlischen Scharen.

DIE ERZENGEL: Diese Wesen von großem Licht und ebensolcher Liebe sind die Führer der himmlischen Scharen.

DIE ENGEL: Diese Lichtwesen sind den Erzengeln untergeordnet und unterstützen diese in allen Bereichen der Schöpfung. Sie heilen, erleuchten, reinigen und transformieren. Wir müssen nur ihre Hilfe erbitten. Sie sind glücklich, wenn sie uns zu Diensten sein können.

Es macht mich sehr demütig, irgendwie den Spitznamen „die Engel-Lady" erworben zu haben. Seit meiner Öffnung für diese göttlichen Wesen habe ich sie schon viele Male und auf jeder Straße meines Lebenswegs um Hilfe gebeten. Wenn ich mein Heim verlasse, bitte ich darum, es zu schützen. Wenn ich Auto fahre, bitte ich um Schutz, und wenn meine Katze Tawny einen Spaziergang in der Nähe einer vielbefahrenen Straße unternimmt, sende ich einen Engel mit ihr. Auch bei meinen emotionalen Reaktionen lasse ich mir von Engeln helfen. Wenn ich zum Beispiel in Bezug auf eine bestimmte Situation negativ empfinde, wähle ich für die entsprechenden Umstände einen Engel und lade diesen Botschafter des Lichts zu meiner Unterstützung ein. Wenn mich ein bevorstehendes Ereignis nervös macht, rufe ich die Engel des Mutes. Auf den folgenden Seiten werden sich einige meiner Engelfreunde vorstellen, die ihre Liebe und Weisheit mit Ihnen teilen möchten.

Engel warten nur auf Ihren Ruf, um Ihnen zu Diensten sein zu können. Wenn die Notwendigkeit eintritt, brauchen Sie sich einfach nur ruhig hinzusetzen und diese Wesen in Ihr Bewußtsein zu bringen. Es ist ihnen nicht erlaubt, in Ihren freien Willen einzugreifen; doch Sie werden feststellen, daß die Lösung für Ihr Problem plötzlich leichter und schneller in Ihrem Gedanken aufsteigt. Die Engel werden Ihnen auch dabei helfen, Ihr Schicksal an den einen zurück zu geben, der es von Beginn an gestaltet hat – „Nicht mein Wille geschehe, sondern der deine, oh Herr".

Seit vielen Jahren bin ich mit der Begleitung von Engeln gesegnet. Ich habe mit diesen göttlichen und herrlichen Lichtwesen gearbeitet, und viele von ihnen gaben mir kurze Botschaften, welche ich in diesem Buch wiedergegeben habe. Nun schlage ich vor, daß meine Leser sich in die Stille ihrer eigenen Meditation begeben und ebenfalls Zwiesprache mit den Engeln halten.

DIE ENGEL DER LIEBE

*D*as Herzzentrum dieser Wesen schickt rosa- und amethystfarbene Strahlen in die Welt. Wenn wir nun unser Herz der bedingungslosen Liebe öffnen, werden die Engel der Liebe auch in unser Herzzentrum einkehren. Diese Engel arbeiten in Harmonie mit dem Erzengel Haniel.

Ich kann Euch nur einen kleinen Teil dessen bringen, was ich für die menschliche Rasse fühle. Würde ich Euch bitten, die ganze Macht dessen zu erfahren, was Ihr Liebe nennt, wäret Ihr nicht fähig, diese strahlenden Schwingungen zu ertragen. Wenn Ihr schließlich unsere Wahrnehmungsebene erreicht, werdet Ihr verstehen. Ihr seid eine von anderen Gefühlen eingeschränkte Liebe gewohnt, weshalb die ganze Macht dieser Schwingung negative Reaktionen in Euch erwecken würde. Das Ergebnis wäre das genaue Gegenteil von bedingungsloser Liebe. Ihr müßt verstehen, daß jedes einzelne Atom der Schöpfung von dieser Energie zusammengehalten wird; jede Pflanze, jeder Baum und jede Blume. Jedesmal, wenn Ihr Gottes Schöpfung betrachtet, werdet Ihr von dieser Liebe eingehüllt. Um ein Teil dieses Freudentanzes zu werden, müßt Ihr nur Euer Herz zu Gott hin öffnen.

Überanstrengt Euren Geist nicht, um diese Qualität in Euer Leben zu bringen; stimmt Euch einfach auf unser Licht ein und laßt es ganz selbstverständlich in Euer Herzzentrum fließen. Wenn Ihr Euch erst einmal mit uns vereinigt habt, wird die Macht der Liebe Euch viele Türen öffnen. Wir werden Euch die Königreiche der Natur und die Herrlichkeit des Universums zeigen. In Euren Meditationen werden wir Euch dabei helfen, die goldenen Strahlen der Venus und die Pracht des Sirius zu erfahren. Jeder Teil des Universums wird Euch sein Herz eröffnen. Eure Lebenserwartung wird sich erhöhen, und Ihr werdet in der Tat zu 'Reisenden des Lichts' auf dem

Pfad der universellen Liebe. Ihr werdet in das Herz Gottes einkehren und die wahre Bedeutung des Paradieses auf Erden erfahren.

Verwenden Sie die obige Botschaft als Meditation. Schließen Sie die Augen, atmen Sie tief, aber ruhig ein und aus und halten Sie in Gedanken eine rosafarbene Rose auf der Höhe Ihres Herzzentrums. Lassen Sie sich nun von den Worten dieses Engels erfüllen und spüren Sie, wie diese in Ihrem gesamten Wesen widerhallen. Fühlen Sie, wie jede Zelle Ihres Körpers in Schwingungen des Glücks versetzt wird, und lassen Sie bedingungslose Liebe in die ganze Welt fließen. Die Engel werden diese herrliche Energie aufnehmen und dorthin senden, wo sie am meisten benötigt wird. Nach dem Ende der Meditation gehen Sie als leuchtendes, das Licht der Liebe in alle Welt sendendes Wesen in Ihren Alltag zurück.

Liebe ist der Schlüssel, welcher jede Form von Angst ausrotten kann, was ich an meiner eigenen Geschichte zeigen will. Von Kindheit an war meine größte Angst vor Spinnen. Ein einziger Blick auf ihre haarigen Körper und ihre huschenden Beine verursachte in mir einen entsetzlichen Aufruhr. Einmal verfolgte mich ein Freund mit diesem Symbol des Schreckens, und das Ergebnis bestand darin, daß ich für die nächste halbe Stunde einen hysterischen Anfall hatte. Wenn sich eine Spinne im Badezimmer befand, wusch ich mich nicht, und hielt sie sich im Schlafzimmer auf, schlief ich nicht. Ich wußte, daß es sich hierbei um eine völlig unvernünftige Angst handelte und sehnte mich danach, mich aus ihrem Griff befreien zu können. Also wendete ich mich an die Engel der Liebe sowie an die Devas der Spinnen und bat um Hilfe. Ich mußte nicht lange warten.

Eines Donnerstag morgens saß ich bei meinem Friseur und entspannte mich gerade unter der Trockenhaube, als mich die Dame neben mir plötzlich am Arm berührte. „Entschuldigen Sie", sagte sie mit lauter Stimme, „wissen Sie, daß auf Ihrem Bein eine Spinne sitzt?"

Ich sah herab und erblickte dort das größte und häßlichste Monster, das man sich vorstellen kann. Es saß da und beobachtete mich mit geballter Böswilligkeit. Ich schrie und zerrte an meinem Rock und beförderte damit das Tier auf den Boden. Kunden wie auch Angestellte kreischten und kletterten auf den nächst erreichbaren Stuhl. Anscheinend litt die ganze Welt unter Spinnenangst!

Ein junges Mädchen, das etwas mutiger war als die anderen, holte einen Besen. Der Anlaß des ganzen Aufruhrs kauerte unter einem kleinen Tisch, und ich erkannte mit Bestürzung, daß sie das Tier zerquetschen wollte. Ohne nachzudenken nahm ich es in meine hohlen Hände und rannte zur Ladentür hinaus, um das Geschöpf vor der Vernichtung zu bewahren. Als ich es beim nächsten Busch freiließ, traf mich die Erkenntnis dessen, was ich gerade getan hatte. Ohne zu zaudern hatte ich das Geschöpf meiner schlimmsten Alpträume in den Händen gehalten und dessen haarigen Körper sowie seine Beine auf meiner Haut gespürt.

Ich bin Vegetarierin und kann die Tötung eines lebenden Wesens – welcher Art auch immer – nicht ertragen. Liebe und Mitgefühl hatten meine fürchterliche Abscheu überwunden, und von diesem Tag an war die tief verwurzelte Angst aus meinem Leben verschwunden. Spinnen wurden für mich zu einem Teil von Gottes geliebtem Königreich, das existiert, um gemocht und respektiert zu werden. Heute habe ich keine Schwierigkeiten mehr damit, Seite an Seite mit ihnen zu leben. In einigen Ecken meiner Wohnung spinnen sie sogar ihre Netze in dem sicheren Wissen, daß sie hier ungestört bleiben.

DIE ENGEL DER HEILUNG

*D*as Herzzentrum dieser Wesen sendet alle Farben des Spektrums in die Welt. Diese Engel sind in Harmonie mit dem Erzengel Raphael und Jesus Christus. Sie ergießen ihre heilende Liebe durch jedes Atom des menschlichen Körpers.

Wir arbeiten sehr eng mit den Engeln der Liebe zusammen, da Heilung unmöglich ist, ohne die Energie der Liebe in das Herzzentrum zu bringen. Es zieht uns in die Nähe jedes Krankenhauses, jeder Klinik und jedes Krankenzimmers. Wir arbeiten auch innerhalb von Tierkliniken und überall dort, wo sich ein krankes Tier befindet.

Wir verbinden uns mit den Elementarwesen, die an Eurer materiellen Erscheinung arbeiten. Jede Zelle Eures Körpers ist ein eigenes Wesen, das danach strebt, die durch es hindurch fließenden Chemikalien auszubalancieren. Wir versuchen mit aller Kraft, die Schönheit des Lichts aus unseren eigenen Seelen in Eure Körper zu leiten, denn wir möchten sowohl mit Gottes Willen den Körper als auch den Geist heilen. Wenn Ihr Engel der Heilung ruft, versuchen wir, in Eurem Bewußtsein ein Verständnis für die Probleme, die Eure Krankheit verursachen, zu schaffen. Wenn wir durch spirituelle Heiler arbeiten, ergießen wir Gottes Energie in deren Herzen und durch ihre Hände in die ätherischen und materiellen Körper ihrer Patienten.

Viele von uns Engeln kommen aus weit entfernten Teilen des Universums, um an der Heilung von Mutter Erde teilzuhaben. Weit draußen in den Tiefen des Raums gibt es andere Planeten, welche noch nicht über die Fähigkeit zu ihrer eigenen Heilung verfügen, diese jedoch dringend benötigen. Viele von Euch glauben, die Erde sei sehr dicht und dunkel, doch ich kann Euch versichern, daß es Welten gibt, die auf einer weitaus niedrigeren Frequenz schwingen als die Eure. Jeder von heilsamer Liebe erfüllte Gedanke, den Ihr hinaussendet, erreicht schließlich diese dunklen Welten. Eure Liebe umgibt die Seelen dieser Planeten und bringt ihnen einen Lichtschein. Dafür danken und segnen wir Euch. Euer Universum wächst und erweitert sich noch immer; eines Tages wird es zum Herzzentrum einer weitaus größeren Wesenheit werden, von welcher Ihr zum augenblicklichen Zeitpunkt noch nicht wissen könnt. Wenn Ihr selbst oder jemand anders Heilung benötigt, bittet am

25

besten Jesus Christus, den Erzengel Raphael und die Engel der Heilung, zu Euch zu kommen. Spürt, wie deren Energie durch Euren Körper strömt und Euch umgibt. So wird das heilende Licht der Engel zum Balsam, welcher Euch Trost und Erneuerung bringt, damit Ihr Euch entspannen und Frieden finden könnt.

Wann immer ich als Kanal für Gottes Heilenergie arbeite, bitte ich um die Unterstützung des Erzengels Raphael und der Engel der Heilung. Während meiner Studien des Alten Wissens begriff ich, daß spirituelle Macht und Schönheit in Form eines Dreiecks angeordnet sind, wie zum Beispiel bei Vater, Sohn und Heiligem Geist oder Weisheit, Liebe und Macht. Vor einigen Jahren erhielt ich die Vision zweier Dreiecke der Heilung, welche zusammen den sechsstrahligen Stern ergeben. Dieser ist ein uraltes Symbol der Menschheit und hat, auf einen Patienten angewendet, großen Nutzen. Man kann den Stern in einer Meditation für den Kranken visualisieren; das ist sowohl bei der Kontakt- als auch bei der Fernheilung eines abwesenden Patienten und bei allen möglichen Beschwerden hilfreich. Ich möchte noch hinzufügen, daß der sechsstrahlige Stern auch innerhalb der White Eagle Lodge in höchsten Ehren gehalten wird und sich dort großer Wertschätzung erfreut.

Ich persönlich visualisiere den Erzengel Raphael, die Engel der Heilung und Jesus Christus an den drei Spitzen eines abwärts zeigenden Dreiecks (von Gott weg), während ich mich selbst, meinen Patienten und die Erkrankung an den Spitzen eines aufwärts weisenden Dreiecks sehe (zu Gott hin). Das sieht dann etwa wie folgt aus:

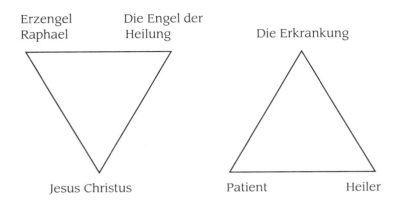
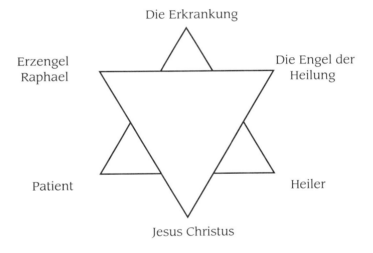

Ich bitte immer darum, daß sich die göttliche Heilungsenergie durch den Stern hindurch in die erkrankte Körperregion des Patienten ergießen möge. Während ich in meinem Geist das Bild des Sterns aufrecht erhalte, verwende ich die Kraft meines Herzens, um im Körper des Kranken heilende Energien in Umlauf zu bringen. Bevor ich eine Geistheilung gebe, stelle ich mich hinter den Patienten und visualisiere, wie die Heilungsenergie aus diesen geheiligten Dreiecken in seinen Körper fließt. Dann gebe ich eine Kontaktheilung auf die übliche Weise. Oft erzählen mir die Patienten danach, daß sie während der Sitzung vor ihrem inneren Auge Engel und auch Farben sehen konnten.

Man fragt mich manchmal, ob durch die Verwendung dieses Symbols irgendein Schaden entstehen kann. Ich antworte dann, daß überall dort, wo sich aufrichtige Liebe aus dem Herzen ergießt, für keine Form des Lebens eine Gefahr bestehen kann; mit den Dreiecken kann man Tieren, Pflanzen, der Erde und sogar dem ganzen Universum Heilung bringen.

DIE ENGEL DES FRIEDENS

*D*as Herzzentrum dieser Wesen erstrahlt in tiefem Blau und Gold. Diese Engel arbeiten mit dem Erzengel Michael und dem Meister Saint Germain zusammen. Sie erwarten den Ruf aus dem erbarmungsvollen Herzen und Geist der Menschen.

Wir haben Schwierigkeiten mit der Öffnung Eures Bewußtseins für die Wahrnehmung von tiefem Frieden. Der menschliche Geist ist so aktiv, daß er nicht lange genug still sein kann, um auch nur einen winzigen Teil dieser göttlichen Energie zu erfahren. In Frieden zu sein bedeutet, vollkommen von einem sanften, doch machtvollen Mantel der Ruhe umgeben zu sein. Es gibt da keinen Anfang und kein Ende, nur das unendliche JETZT. In diesem Frieden sind keine Spannung und kein Streß enthalten; diese Gefühle bleiben zu Füßen Gottes zurück. Alle Leidenschaften sind gestillt. Alles ist Vergebung. Alles ist Annehmen. Alles ist Wahrheit.

Wenn Ihr uns nur ließet, würden wir die gesamte Menschheit in unsere Arme schließen. Wir möchten in der Menschheit das Erkennen dessen erwecken, wie sie sein wird, wenn einmal aller Streit beendet ist und nur noch Frieden und Harmonie sind. Ihr fürchtet, dies müsse eine langweilige Leere sein, doch wir können Euch versichern, daß ein pulsierendes Leben auf Euch wartet. Die gesamte Schöpfung wird sich in vollkommener Einheit befinden, in der jeder von Euch zugleich auch ein Teil jedes anderen Menschen ist. Dieses Gleichgewicht wird sich Flügeln gleich über den ganzen Kosmos ausbreiten. Euer Planet wird geheiligt werden und seinen Ehrenplatz in den Schriftrollen einnehmen, in welchen die Namen aller Lichtwelten des Universums verzeichnet sind.

Die Schwingungen Eures Sonnensystems erhöhen sich im Augenblick sehr schnell, und die Engel der Liebe, der Heilung und des Friedens werden bald Eure steten Begleiter sein. Wir werden Euren Blick für die Lichtreiche jenseits Eurer gegenwärtigen Vorstellungskraft öffnen. Dann wird das Wort UNENDLICHKEIT zur Wirklichkeit, und der Satz 'Frieden jenseits allen Verstehens' wird für Euch begreifbar sein.

Entspannen Sie sich in Ihrem Lieblingssessel oder unter einem geliebten Baum, schließen Sie die Augen und laden Sie die Engel des Friedens in Ihr Herz ein, um dort ein wenig zu verweilen. Sie werden von tiefem Blau und Gold umströmt. Stellen Sie sich nun Ihre persönliche Welt vor, in welcher sich Ihr tägliches Leben abspielt – und zwar so, wie diese Welt wäre, wenn sie sich im vom Engel des Friedens beschriebenen Zustand befinden würde. Tief in Ihrem Herzen wissen Sie, daß diese Vision bereits Wirklichkeit ist, wenn Sie sie nur zulassen können; diese Realität ist in jener, die Sie tagtäglich erleben, sozusagen bereits angelegt. Betrachten Sie dieses Bild, und segnen Sie aus ganzem Herzen alle Menschen auf der ganzen Welt. Ihr Körper spricht auf die friedvollen Schwingungen an, welche Sie auf diese Weise erschaffen, und Sie werden erfrischt und erneuert in Ihr physisches Leben zurückkehren.

DIE ENGEL DER MACHT

*D*as Herzzentrum dieser Engel erstrahlt in den Farben Gold, Orange und Magenta. Sie arbeiten für den Erzengel Metatron. Auch sie erwarten den Ruf aus den Herzen und dem Geist des Menschen.

Viele von Euch haben uns schon gesehen, wenn wir uns mit den Kräften der Engel des Friedens und mit den leuchtenden Kriegern des Erzengels Michael vereinen. Im Kampf mit den Gedankenformen, die Eure Erde umgeben, löst unsere Macht die Dunkelheit auf. Gemeinsam mit den Engeln von Erde, Luft, Feuer und Wasser lindern wir die Verschmutzung und Zerstörung, die Euren geliebten Globus heimsucht. Im ätherischen Körper Eurer Erde sind geheiligte Zentren, die mit anderen Planeten Eures Solarsystems in Übereinstimmung schwingen. Wir bemühen uns, die in diese Chakren fließenden Energien zu balancieren, was jedoch im jetzigen Stadium Eurer Entwicklung keine leichte Aufgabe ist. Wir arbeiten hart daran, im Sinne der Wiederherstellung Eures Planeten neue Ideen an Euren höheren Geist weiterzugeben. Weiterentwickelte Menschen auf der Erde können unsere Anwesenheit wahrnehmen, weshalb wir unsere Aufmerksamkeit vornehmlich auf sie richten. Wir versuchen, in das Bewußtsein dieser Menschen neue Konzepte einzubringen, die Ihr dann als ‚grüne Themen' bezeichnet. Im Bestreben, die Nebel und giftigen Gase zu klären und zu verwandeln, welche die Schutzschichten um Euren Globus auseinander reißen, kommen die mächtigen Sonnenengel uns oft zu Hilfe. Seit Anbeginn Eurer Reise in die Materie sind wir immer an der Seite der Menschheit gewesen. Wir sind jene Engel, die in Euren alten Schriften die Himmel erleuchteten und die sich während der beiden Weltkriege über Frankreich befanden. Zusammen mit den Engeln des Lichts versuchen wir, das Chaos zu klären, das die Menschheit in seinem Griff hält.

Vereinigen Sie sich in Ihren Meditationen mit den Engeln der Macht und erlauben Sie ihnen, Stärke in Ihren physischen wie auch in Ihre spirituellen Körper zu bringen. Bitten Sie in Ihren Gebeten darum, daß die Gnade Gottes über unsere geliebte Erde kommen möge. Hand in Hand mit diesen Engeln werden wir gemeinsam in die Morgendämmerung des kommenden Zeitalters wandern, wenn die Herrlichkeit des Aufstiegs die gesamte Menschheit erwartet.

DIE ENGEL DER WEISHEIT

*D*as Herzzentrum dieser Wesen leuchtet in violettem und magentafarbenem Strahlenglanz. Diese Engel befinden sich in Harmonie mit dem Erzengel Uriel und mit Buddha. Sie erwarten den Ruf der Stimmen und Herzen der Menschen.

Mit der Weisheit kommt die Freiheit und wir arbeiten daran, der Menschheit die Segnungen des von bedingungsloser Liebe gereiften Intellekts zu bringen. Wahre Weisheit vereint den höheren Geist mit dem Herzen und hat nichts mit dem niederen irdischen Geist gemein.

Wahre Weisheit löst alle Furcht auf. Wir vereinigen uns mit den Engeln der Hoffnung, um den Bewohnern der Erde Standhaftigkeit zu bringen. Die Furcht umschließt Euren Globus wie ein Stahlmagnet, der all die negativen Gefühle der Verärgerung, der Gier, der Grausamkeit und des Grolls an sich zieht. Wir arbeiten daran, diese Dunkelheit zu vertreiben und bringen die Menschheit so hinauf in die Reiche des Lichts. Wenn sich Herz und Verstand auf einer Linie befinden, wird die Menschheit Vollkommenheit erreichen – gemeinsam mit jener großen Wesenheit, welche Ihr als GAIA, Eure geliebte Mutter Erde, kennt.

Euer Planet ist von Besuchern aus anderen Teilen des Universums umgeben. Die meisten von ihnen befinden sich im ätherischen Feld Eures Globus, denn ihre materielle Enthüllung würde Furcht und Mißverständnisse schaffen. Sie erwarten die Dämmerung dessen, was Ihr das 'Goldene Zeitalter' nennt, damit sie Euch helfen und mit Euch den Anfang einer Zeit des Friedens, der Erleuchtung und der spirituellen Weisheit feiern können. Wenn die Menschheit die Grundlagen dafür erarbeitet hat, werden sie schließlich ihr Wissen mit Euch teilen, damit Euer höherer Geist reifen und sich erweitern kann. Wenn dies geschieht, wird Eure innere Sicht Dinge und Erfindungen zur Erde bringen, die jenen, von denen Ihr heute träumt, weit überlegen sein werden. Dieses Wissen wird nicht geheim oder verschlüsselt sein. Alle Nationen werden es teilen, und so etwas wie eine Dritte Welt wird es nicht mehr geben. Alle Völker und Länder werden gleich sein und über dieselben Möglichkeiten verfügen. Das Licht des frühen Atlantis wird wieder auf Euren Planeten herniederleuchten, doch diesmal auf einem viel höheren Entwicklungsstand. Wenn die Zeit gekommen ist, werdet Ihr diese Besucher von

anderen Welten sehen können, und sie werden ihre eigenen himm-
lischen Scharen und ihre eigenen Meister der Weisheit mit sich
bringen. Schaut in den Himmel hinauf und entbietet ihnen Euer
Willkommen!

Entspannen Sie sich und versuchen Sie, vor Ihrem inneren Auge ein deutliches Bild der Engel der Weisheit zu erschaffen. Laden Sie diese Wesen in Ihr Herz und Ihren Geist ein, um sie dort herzlich willkommen zu heißen. Dort werden diese wunderbaren Gestalten unvermittelt damit beginnen, an der Erweiterung Ihres Wissens zu arbeiten. Stellen Sie sich diesem Vorgang nicht entgegen, sondern lassen Sie sich von ihnen in die Hallen der Weisheit geleiten, damit Sie von dort in Ihren Alltag jene Erleuchtung bringen können, welche im kollektiven Bewußtsein des Schöpfergeistes liegt. Wenn Sie die Engel der Weisheit regelmäßig in Ihre Meditationen bitten, werden diese schon bald damit beginnen, Sie auch außerhalb solcher Momente der Versenkung zu lehren und Sie auch während des Schlafs in die Hallen der Weisheit bringen, um es Ihnen zu ermöglichen, das dort Erfahrene in Ihre wachen Stunden hinüber zu tragen.

DIE ENGEL DER SONNE

*A*us dem Herzzentrum dieser Wesen erstrahlt das goldene und reinweiße Licht des Christus. Diese Engel arbeiten eng mit den Universellen Erzengeln zusammen, welche sich momentan auf die Erde zubewegen, um die Entwicklung der Menschheit zu unterstützen. Auch sie erwarten den Ruf des menschlichen Geistes.

Hinter Eurer materiellen Sonne befindet sich ein weiterer, rein geistiger Stern. Aus dieser spirituellen Sonne ergießen wir das Licht des Christus über die Menschheit aus. Wir bringen den Segen aus dem Herzen Gottes zur gesamten Schöpfung auf Mutter Erde. Wir strahlen Liebe in die dunkelsten Ritzen Eurer Welt, denn wir streben danach, alle physische Materie zu erhellen und Schmerz wie auch Qual zu beenden. Der Gott dieses Universums ist sich jeder der qualvollen Erschütterungen, welche irgend einen Teil seines Königreiches zum Erzittern bringen, vollkommen bewußt. Er versucht, diese Leiden zu lindern, indem er seine Engel sendet, die sei-

nen Kindern sanfte Heilung und Erleichterung bringen – nach Seinem Willen und zum Besten einer jeden Seele.

Ihr seid Euch nicht bewußt, wie sehr Ihr geliebt werdet, und daß jeder von Euch im Herzen des Schöpfers ruht. Wenn Ihr die Worte ICH BIN versteht, werdet Ihr begreifen, daß auch Ihr ein kleiner Teil dieses großen Herzens seid und lernen müßt, in Harmonie mit diesem geheiligten Ausdruck allen Lebens zu pulsieren. Dann werdet Ihr jene Freude und Ekstase kennenlernen, die nichts gemeinsam haben mit Selbstsucht und bedingter Liebe, wie sie auf der Ebene Eurer Erde praktiziert werden. Ihr werdet einen kurzen Blick auf die Freiheit des Universums, welche die gesamte Menschheit erwartet, erhaschen können. Öffnet Eure Arme für die Herrlichkeit der spirituellen Sonne, auf daß ihre Engel Euch in das Licht einhüllen und es in Eure Chakren senden können. Wir bitten Euch, Gott aus tiefstem Herzen zu dienen und die wahre Bedeutung der gesegneten Worte Jesus Christus zu erfahren: ICH BIN DAS LICHT DER WELT.

Bitten Sie die Engel der Sonne jeden Tag ein paar Minuten in Ihre Meditation, und erfahren Sie, wie diese Lichtwesen das goldenes Licht der Liebe in Ihr Kronenchakra ergießen. Spüren Sie, wie dieses erhellende Licht jedes Chakra und jede Zelle Ihres Körpers mit spirituellem Sonnenlicht erfüllt. Wenn dies geschehen ist, versuchen Sie, diesen Glanz in Ihrem Herzzentrum zu konzentrieren, und lassen Sie ihn von dort in jeden Teil der Schöpfung auf unserer geliebten Mutter Erde und in das Universum jenseits davon fließen. So werden Sie selbst zu einem kleinen Stern, der die Liebe Gottes hinaus in alle Welt sendet.

DIE ENGEL DES AUFSTIEGS

*D*as Herzzentrum dieser Wesen erstrahlt in perlmuttfarbenem Glanz, der alle Farben des Spektrums enthält. Diese göttlichen Engel helfen Ihnen, immer öfter und für immer längere Zeiträume mit Ihrem höheren Selbst eins zu werden, bis jede Zelle Ihres physischen Körpers auf einer höheren Frequenz zu schwingen beginnt und schließlich zu reinem Licht wird.
DIES IST DIE HERRLICHKEIT DER ERHÖHUNG.

Liebe Brüder und Schwestern im Licht, wenn Ihr diese Worte lest, erkennt bitte, daß Ihr alle Lichtarbeiter und Wächter auf der Erde seid. Die Zeit ist nun gekommen, zu erwachen und jene Fackel aufzunehmen, die Euren Pfad zum Aufstieg in die höheren Ebenen des Lichts erhellen soll. Die großen Erzengel der UNIVERSELLEN BEDINGUNGSLOSEN LIEBE haben auf Eurem Planeten sehr kraftvolle Energien verankert und erhöhen auf diese Weise langsam die Frequenz Eures Bewußtseins. Erlaubt diesen reinigenden Strahlen, durch Euren Körper zu fließen, wo sie Eure Zellen in Samenkeime des Christuslichts transformieren werden. Seht Euch selbst in die herrlichen Farben Violett, Magenta und Gold gehüllt. Wisset, daß Ihr erneuert sein werdet, wenn diese kraftvollen Schwingungen jede Verunreinigung aus Eurem Körper und aus Eurem Planeten entfernt haben. Von jenem Tag an werdet Ihr Wesen der REINEN BEDINGUNGSLOSEN LIEBE sein. Ihr werdet Euch erinnern, daß dies die einzige Eigenschaft war, welche Ihr einst von Eurem Schöpfer mit auf diesen Planeten gebracht und daß Ihr eingewilligt habt, dieses erleuchtende Geschenk mit der gesamten Schöpfung zu teilen. Ihr erhöht die Lichtschwingungen der Erde bereits, wenn Ihr einfach nur da steht und bedingungslose Liebe ausstrahlt. Sehr bald schon wird die gesamte Erde in eine neue Dimension eintreten und das Zeitalter des Wassermanns beginnen. Wisset, daß Ihr grenzenlose Wesen sein werdet, die jedes ihnen gesetzte Ziel erreichen können.

Machen Sie es sich in Ihrem Lieblingssessel bequem und stellen Sie sich vor, daß vor Ihnen ein Pfad aus goldenem Licht liegt. Ein Engel der Erhöhung steht hinter Ihnen und hüllt Sie in seine strahlend leuchtenden Flügel ein. Sie bemerken, daß Sie langsam zu einem Horizont hingezogen werden, der unter einem tiefblauen Himmel liegt. Während Sie auf die Herrlichkeit dieses spirituellen Glanzes zugehen, erblicken Sie ein Gesicht, das Ihnen sehr bekannt erscheint und erkennen, daß Sie in die Pracht Ihres höheren Selbst schauen. Diese heilige Gestalt reicht Ihnen die Hand und führt Sie sanft zu einem Tempel des Lichts. Das ist der Tempel des Aufstiegs; ein Ort, an den Sie auf Ihrer Suche nach Erleuchtung immer wieder zurückkehren können. Das herrliche Wesen geleitet Sie zu einem kristallenen Stuhl und setzt sich neben Sie. Vielleicht möchten Sie nun mit Ihrem höheren Selbst sprechen und Fragen zu Ihrem Fortschritt auf dem spirituellen Pfad stellen. Jedes Anliegen ist hier willkommen, und man wird für Ihre Fragen immer ein offenes Ohr haben.

Wenn das Gespräch sich seinem Ende zuneigt, ist für Sie die Zeit des Abschieds gekommen. Wenden Sie sich mit Dank und Segen an Ihre Umgebung, ehe Sie den Tempel verlassen und in den prachtvollen, sonnendurchfluteten Tag hinaus gehen. Umhüllt vom schützenden Mantel Ihres ganz speziellen Engels des Aufstiegs kehren Sie nun in Ihre gewohnte Umgebung zurück. Je öfter Sie mit Ihrem höheren Selbst in Verbindung treten, desto schneller werden Sie mit Ihrem Lichtkörper eins – ein vervollkommnetes und erleuchtetes menschliches Wesen.

DIE ENGEL DES MUTES

Um auf dem Pfad des Lebens voranzuschreiten, braucht jeder Teil Eures Planeten Standhaftigkeit und jeder Teil Eures Körpers eiserne Entschlossenheit. Jede Stunde des Tages bringt Euch neue Herausforderungen, welche angenommen und bewältigt werden wollen. Wenn Ihr die Engel des Mutes in Eure Gegenwart holt, werden wir versuchen, Euch bei der Überwindung dieser kleinen und größeren Ärgernisse beizustehen. Wir werden Euch eine Sichtweise nahebringen, die es Euch erlaubt, den vor Euch liegenden Weg zu überblicken. Wann immer es in Eurem Bauch flattert wie mit tausend Flügelschlägen, werden wir Eure aufgeregten Schwingungen beruhigen und besänftigen. Wir werden Euch dabei helfen, diese Augenblicke des Kampfes in Liebe und Furchtlosigkeit anzunehmen. Verwendet die Affirmation ICH BIN GÖTTLICHER MUT UND WERDE NICHT LEIDEN mehrmals am Tag, bis Ihr spürt, wie Frieden und Harmonie wieder in Euer physisches Sein zurückkehren. Heißt diese positiven wie auch negativen Proben und Prüfun-

gen zu Beginn eines jeden Tages erneut willkommen, denn durch sie werden Eure Seele und Euer Geist im Dienste der Mächte des Lichts Kraft und Stärke erlangen. Werdet Euch Eurer Ähnlichkeit miteinander bewußt und erlaubt der Essenz Eures Mutes, Euch in Stärke und Kühnheit zu hüllen.

DIE ENGEL DER VERGEBUNG

Vergeßt niemals, daß Ihr auf immer im Geist und Herzen Gottes weilt. Unser Schöpfer ist die Vergebung selbst und kennt all Eure Fehler und Euer Versagen. Auf dem Pfad, welchem Ihr folgt, sind Euch die großen Meister des Lichts und der Weisheit bereits vorausgegangen. Sie kennen jede Prüfung und jede Not, die Euch heimsuchen werden und wachen mit Verständnis und Mitgefühl über Euch. Wir, die Engel der Vergebung, sind ihre Helfer und arbeiten daran, Eure Seele und Euren Geist mit Licht zu erfüllen. Auf diese Weise helfen wir Euch, zu lernen, Euch selbst zu verzeihen. Denn indem Ihr Euch selbst gegenüber Barmherzigkeit übt, vergebt Ihr auch all die Fehler und Unzulänglichkeiten, die den Geist Eurer Mitmenschen beladen.

Ihr glaubt, von Makeln befleckt zu sein, wo Eure Herzen doch in Wahrheit gerade jetzt zur Schönheit der Liebe und des Mitleids erwachen. Wann immer Ihr Euch von jemand anderem verraten fühlt, laßt die Energie der Vergebung aus Euch heraus zu dieser Person fließen. Dann werdet Ihr feststellen, daß dieselbe Energie auch in Euch selbst zum Tragen kommt, alte Blockaden abbricht und das Eis des Grolls zu einem See der Befreiung schmilzt. Verwendet oft die Affirmation ICH VERGEBE MIR, ICH VERGEBE DIR UND UMGEBE DICH MIT LIEBENDEN GEDANKEN.

DIE ENGEL DES ÜBERFLUSSES

Wir bringen Euch nicht nur Fülle, sondern auch körperliche und geistige Nahrung. Wenn Ihr Euch mit dem Reich der Engel vereinigt, erschafft Ihr für Euch die Macht zur Verwandlung und Transformation der Energie des Reichtums. Das Gesetz der Vorsehung wird Euch mit allem versorgen, was Ihr zum Dienst an Gott und seinen Geschöpfen braucht. Ihr werdet unterstützt und geliebt. Wenn Ihr die Engel des Überflusses um materielle Hilfe bittet, werden diese oft auf göttliche Weise froh sein, sie Euch gewähren zu können. Bald schon werden alle Länder der Welt den Schlüssel zum Überfluß in Händen halten, und es wird keinen Hunger mehr geben. Das Gesetz des gemeinschaftlichen Teilens wird herrschen, und 'wie du gibst, so sollst du erhalten' wird von allen Menschen verstanden werden.

Die Energie des Überflusses ist in keiner Weise mit Reichtum und Vermögen verwandt. Vergeßt nie, Eure Segnungen zu zählen, und seid Euch Eurer vielen geistigen Geschenke bewußt, deren Wert alle materiellen Begierden bei weitem überwiegt.

Macht einen Spaziergang und erblickt den Reichtum der Natur, der keinen Geldwert hat, an dessen Schönheit jedoch die ganze Menschheit in Freude teilhaben kann. Bedenkt die Freiheit des Teilens, die nichts mit Dingen wie Grenzen oder dem Besitz von Land zu tun hat. Eines Tages wird diese Erde zum gemeinschaftlichen Nutzen aller Menschen verwendet werden, und dann werden die Engel des Überflusses einmal mehr auf Euren Wegen und Straßen wandeln. Wir werden die Ketten des materiellen Gefängnisses sprengen und den Schlüssel der finanziellen Begierden fortwerfen.

DIE ENGEL DER ZÄRTLICHKEIT

Wir werden auf den Flügeln der Sanftheit und Hingabe zu Euch kommen. Ihr werdet uns in jeder Knospe, in jedem neuen Blatt, in jedem frisch geschlüpften Vogel und in jedem neugeborenen Tier oder Menschen sehen. Wir leben in Eurem tiefsten Mitgefühl und sind in Eurer innersten Verletzlichkeit verwurzelt.

Wir bieten Euch den Weg der einfachen Freude und die Straße des schlichten Vertrauens. Wisset ohne Zweifel, daß alles an der Ausführung von Gottes großem Plan auf Erden teilhat.

Wir werden Euch beim Erlernen von Toleranz und Nachsicht helfen. Betrachtet die Ansichten einer anderen Person immer mit Wohlwollen und wisset, daß in seinen Worten Wahrheit steckt, auch wenn sie sich von Euren eigenen Gedanken unterscheiden mögen. Seid zärtlich mit Euch selbst, und vertraut in Zeiten der Prüfung auf Eure klare innere Weisheit. Erfahrt von der Menschlichkeit der Engel der Zärtlichkeit und wisset, daß Ihr alle von der Liebe des Geistes umhüllt werdet. Sprecht mit Euren Helfern und Boten aus dem Reich der Engel, die nur darauf warten, Euch mit Liebe und Sanftheit zu Diensten sein zu können. Jesus Christus gebrauchte die Zärtlichkeit – nicht etwa als Zeichen der Schwäche, sondern als Werkzeug seiner Liebe und Stärke. Selbst unter den Qualen des Kreuzes noch zeigte er Barmherzigkeit und Rücksicht für seine Peiniger. Geht mit diesem Werkzeug des Mitgefühls hinaus in Euer Leben, und die Engel werden sich um Euch versammeln und Euch segnen. Euer Schlachtruf wird die Liebe und Eure Rüstung der Schild der Geduld sein.

DIE ENGEL DER KREATIVITÄT

Ohne kreativen Ausdruck würde Eure Welt aufhören, zu existieren. Die Engel der Kreativität verbreiten Gedanken der Eingebung und Ermutigung. Jeder Gedanke an Schönheit, den Ihr in Eurem Geist bewegt, erschafft auf den geistigen Ebenen ein Bild. Dieses Bild wird dann verwendet, um auf Eurer physischen Erde ein Paradies zu erbauen.

Wenn Ihr die Engel der Kreativität in Euer Leben bringt, werdet Ihr inspirierende Ideen zu erfahren beginnen. Das bedeutet nicht, daß

Ihr nun unbedingt einen Bestseller schreiben oder ein Meisterwerk malen müßt. Ihr könnt einen prachtvollen Garten pflanzen oder ein Heim erschaffen, das für Eure Familie und Eure Freunde zu einem Himmel der Liebe wird. Ihr könnt tatsächlich damit beginnen, eine Welt einzurichten, die von positiven und wohltuenden Ideen erfüllt ist. Gedanken sind Einheiten der Energie und können zur Erschaffung von Freude und Harmonie verwendet werden. Die Engel der Kreativität werden sich um Euch versammeln und Euch bei der Entwicklung all der aufbauenden Gefühle, welche in Eurem höheren Geist entstehen, helfen. Sie werden Euch zum Beispiel dabei unterstützen, Selbstwert, Unabhängigkeit, Integrität, Großzügigkeit und Vertrauen zu erlangen. Sie werden Farbe in Euer Sein bringen und Euch bei der Arbeit mit dem positiven Wesen jedes Farbtons helfen. Sie werden auch Eure Meditationen unterstützen, damit Ihr phantasievolle Visionen erschaffen könnt, die rasch Wirklichkeit werden.

Diese positiven Übungen werden es Euch ermöglichen, viele Einschränkungen aufzuheben, damit die Energien ungestört durch Eure Chakren fließen können. Erfahrt aufs Neue die Freude der Kindheit und lernt einmal mehr, wie man spielt, lacht und tanzt. Durch die Kreativität werden Unschuld und Reinheit in Euer Bewußtsein einziehen, so daß Ihr erkennt, daß Ihr in der Tat in einen materiellen Körper gekleidete Kinder Gottes seid.

Erlaubt der Fröhlichkeit, Euer Leben zu erfüllen und der Freiheit des Geistes, als Ergebnis Eurer eigenen kreativen Gedanken in Euch einzukehren.

DEIN SCHUTZENGEL

Dieses Lichtwesen ist zu jeder Zeit und auf jeder Bewußtseinsebene bei Dir.

Wir beschützen nicht nur den einzelnen Menschen, sondern auch Vereinigungen von Menschen wie zum Beispiel Nationen, Betriebe oder Gruppen jeglicher Art. Wir lieben Euch alle aus tiefstem Herzen und erwarten mit Freuden jenen Tag, an dem Ihr bereit sein werdet, unsere Gegenwart anzuerkennen. Dann werden wir in der

Welt des Lichts ein freudestrahlendes Fest feiern, als Widerhall unserer Dankbarkeit zu Gott für das Erwachen Eurer inneren Sicht und Eurer Anerkennung unserer Existenz.

Wenn Ihr unsere Begleitung erst einmal akzeptiert habt, wird es für uns viel leichter werden, Euer Leben auf die Pfade des Lernens und Dienens zu führen. Wir werden Euren freien Willen auf keine Weise einschränken, und es ist uns auch nicht erlaubt, auf Euer Karma einzuwirken. Doch wir sind immer da, um Euch aufzumuntern und zu ermutigen. Wir würden Euch niemals verlassen, wie negativ Eure Lage auch sein mag. Wir sind seit Tausenden von Jahren mit Euch und werden auch in Zukunft noch einmal so lange und darüber hinaus an Eurer Seite sein. Die Spirale der Evolution ist so genau geformt, daß unser eigenes Fortschreiten nur in Verbindung mit jenem der Menschheit geschehen kann.

Wisset, daß wir Eure besten Freunde sind, Eure Gefährten auf dem Weg des Lichts. Wir bringen weise Lehrer und Engel von den höheren Ebenen in Euer Bewußtsein. Wenn die Zeit reif ist, werden wir Euch sogar in das Universum und jenseits davon führen, wo Ihr einen Blick auf jene großen Engel erhaschen könnt, welche die Evolution Eures Sonnensystems überwachen. Wir sind der himmlische Ausdruck Gottes und warten nur darauf, Euch zu Diensten sein zu können. In Liebe helfen wir Euch dabei, Euren Geist und Euer Herz in ein Gefäß des Lichts und der Liebe zu verwandeln.

Mein Schutzengel war einer der ersten Engel, deren ich mir während meiner Meditationen bewußt wurde. Ich meditierte mit einer reinweißen Kerze und beobachtete, wie die Flamme größer und größer wurde, als ich bemerkte, daß die Kerze und auch ihr Leuchten eine Gestalt aus reinem goldenen Licht angenommen hatten. Die Gestalt legte ihre Lichtflügel – reine Ströme aus liebender Energie – um mich und gab mir ein Gefühl großer Ruhe und vollkommenen Friedens. Ich fragte, wer das Wesen sei, obwohl ich die Antwort bereits kannte. Seitdem habe ich die Anwesenheit meines Schutzengels viele Male wahrgenommen und weiß, daß er immer bei mir ist und darauf wartet, mir zu helfen, wann immer ich um Hilfe bitte.

Zweimal habe ich die Hilfe dieses Engels wirklich dringend gebraucht. Das erste Mal war vor einigen Jahren, als ich eine Reihe kurzer Nachmittagsvorträge in einem Saal in der Nähe hielt.

Ich wollte gerade das erste Gespräch beginnen, als sich die Tür öffnete und drei Menschen eintraten, die ihre Plätze in der zweiten Reihe einnahmen. Ich hielt eine Einführungsrede über die vielen spirituellen Aspekte, welche den Schüler auf dem Pfad des Lichts erwarten. Fünf Minuten lang ging alles gut, doch dann hatte ich plötzlich Schwierigkeiten, mich daran zu erinnern, was als nächstes kam.

Ich geriet in Panik, da ich nur wenige Notizen verwende und mich normalerweise auf das verlasse, was meinem Geist übermittelt wird. Um eine Atempause zu gewinnen, gab ich den Zuhörern Gelegenheit, sich die Diagramme und die Darstellungen auf der Wandtafel anzusehen. Währenddessen stimmte ich mich schnell auf die im Raum kreisenden Energien ein.

Ich begegnete nur Positivem – bis ich zu den drei Nachzüglern in der zweiten Reihe kam. Ihre Auren strahlten eine sehr negative Schwingung aus; besonders bei einem von ihnen war dies der Fall – ein schwarzhaariger, kräftig wirkender Kerl, der offensichtlich ihr Anführer war. Die von ihnen verwendete Kraft blockierte meine Gedankenmuster und machte es mir unmöglich, im üblichen Redefluß zu verbleiben. Ich versiegelte mich rasch mit Licht und rief meinen Schutzengel, die Engel der Liebe und die Engel der Macht.

Dann schickte ich aus meinem Herzchakra einen Strahl aus Liebe, mit welchem ich meine drei Gegner umgab und einhüllte. Als ich meinen Vortrag fortsetzte, hatte sich die Atmosphäre gelichtet, und alles war wieder so gut wie normal. Als die drei sehr grauen Teilnehmer erkannten, was geschehen war, warteten sie eine Kaffeepause ab und verließen uns dann. Ich weiß nicht, aus welchem Grund sie so gehandelt hatten. Konnte es Neid oder Eifersucht gewesen sein? Oder einfach eine Übung in der Anwendung von Macht? Oder hat die Dunkelheit versucht, das Licht zu stürzen? Was auch immer der Grund gewesen sein mag, die himmlischen Scharen der Führung und Liebe hatten einmal mehr triumphiert. Es gibt nichts in dieser oder der nächsten Welt, das gegen die Macht der bedingungslosen Liebe bestehen kann.

Der zweite Fall ereignete sich erst kürzlich, während meines Aufenthaltes in Perth (Westaustralien). Ich nahm an einer

Abendveranstaltung teil, und meine liebe Freundin, die mich aufgenommen hatte, gab mir einen Ersatzschlüssel für ihr Haus mit. Dort kam ich nach Mitternacht an und versuchte, die Haustür aufzuschließen. Doch oh Schreck – nichts geschah, der Schlüssel ließ sich im Schloß nicht drehen, um die Tür freizugeben. Man hatte mir den falschen Schlüssel gegeben! Meine Gastgeberin befand sich bereits in tiefem Schlaf, und obwohl ich klopfte, klingelte und rief, gelang es mir nicht, sie zu wecken.

Nach einigem Nachdenken befand ich, daß die einzige Lösung darin bestand, ein Telefon zu finden und sie anzurufen. Ich sah noch Licht bei einer Nachbarin und klopfte an deren Fenster. Ein sehr scheues Gesicht erschien. Sie hatte zuviel Angst, um das Fenster zu öffnen, doch sie sagte mir, daß sich vier Straßen weiter eine Telefonzelle befinde.

Es war mittlerweile nach Mitternacht, sehr dunkel und wolkenverhangen. Ich trug meine Handtasche in der Hand; meine Kleidung war recht hell und leuchtete im Licht der Straßenlampen. Während ich ging, nahm ich plötzlich die Scheinwerfer eines mir folgenden Autos wahr. Ein schnittiger schwarzer Wagen tauchte neben mir auf und schien anhalten zu wollen. Ich wußte, daß ich Hilfe brauchte und rief meinen Schutzengel sowie den Erzengel Michael. Dann umgab ich mich mit einem Kreis aus goldenem Licht und sandte bedingungslose Liebe aus meinem Herzen zu der drohenden Gefahr hin. Nach einigen Sekunden, die mir wie viele Stunden erschienen, hörte ich, wie sich der Wagen von der Bordsteinkante entfernte und schnell davonfuhr.

Ich fühlte mich nun vollkommen sicher und durch das Reich der Engel geschützt. Ich fand die Telefonzelle, schaffte es, meine Freundin zu wecken und kehrte sicher zu ihr nach Hause zurück. Sie begrüßte mich in Liebe und Sorge, und nach einer Tasse starken Kaffees ging ich glücklich zu Bett.

Ich möchte all meine Leser bitten, sich auf das Wesen des Reichs der Engel einzustimmen. Sprechen Sie mit Ihrem Schutzengel und erlauben Sie ihm, Ihnen die Schönheit zu bringen, die in Gottes Liebe, seiner Wahrheit und seinem Verständnis liegt. Lassen Sie es zu, daß er Ihnen die Tür zu den geistigen Ebenen öffnet, damit der Garten Eden einmal mehr auf Erden erblühen kann und alle Geschöpfe Gottes in Licht und Liebe zu leben vermögen.

Einer der schönsten Engel, die ich je mit meinen physischen Augen gesehen habe, war der Engel des Todes. Ich machte eine Heilungssitzung für den Ehemann einer Freundin. Der Mann war ernsthaft krank. Unsere Sitzung fand statt am Tag bevor er hinüberging. Ich wurde mir plötzlich bewußt, daß sich die Schwingungen im Raum veränderten und sah, daß sich in der Ecke, die seinem Bett am nächsten war, eine Gestalt aus reinem weißen Licht formte. Sie wurde so hell, daß ich wußte, ein direkter Blick würde mich blenden. In meinem Geist hörte ich die Worte „Ich warte, bis du fertig bist, dann nehme ich ihn mit mir". Wie könnte ich jemals Angst vor dem Sterben haben, wenn ein Wesen von solcher Liebe und solchem Mitgefühl meinen Übergang erwartet? In seinen Armen gehalten zu werden, bedeutet, den Augenblick des Todes als die Berührung von Gottes Lippen zu erfahren. Kein Schmerz mehr und keine Angst, nur reine Verzückung und die Wiedergeburt in unserer rechtmäßigen Heimat in den Reichen des Lichts.

An das Ende des Engelteils dieses Buches möchte ich ein wunderschönes Gedicht setzen, das Joan Fugeman, eine sehr liebe Freundin von mir, geschrieben hat.

Vielleicht möchten Sie es als Meditation verwenden, um auf diese Weise jene Engel in Ihr Blickfeld zu bringen, die mit der Erde, der Luft, dem Feuer und dem Wasser arbeiten. Denken Sie über die Bedeutung dieser inspirierten Worte nach und sehen Sie sich selbst als einen freudvollen Teil der Schöpfung.

Ich bin

ICH BIN das einfache Sandkorn,
Das sich auf dem Schachbrett
Von Tag und Nacht bewegt.

Ein Reisender auf dem mühsamen Pfad,
Der aus der Dunkelheit hinauf ins Licht sich regt.

ICH BIN des Löwenzahnes fedrig' Samenkorn,
Verweht von himmlischen Winden,
Zu ruhen weit von hier,
Im fernen Felsspalt neugebor'n.

ICH BIN ein Tropfen in des Meeres Gezeitenfluß,
Der durch Bach und Strom fließt,
Um einmal mehr dorthin zurückzukehren,
Von wo er kam, und wohin er wieder muß.

ICH BIN die Freude in der Nachtigall Gesang,
Am stillen Abend tönend durch die Nacht so lang,
Der schiere Jubel im Herzen des Vogels,
Der seinen Gefährten ruft,
Dem nie vor Fehlern ist bang.

ICH BIN die Liebe, die durch die Welt fließt,
Sich in jeden Baum und jede Blume ergießt,
Im Lebensstrom der Tiere nah und fern,
Vom kleinsten Insekt bis zum fernsten Stern.

ICH BIN der Frieden in des Sonnenunterganges Licht,
In der tiefen Ruhe der anbrechenden Dämmerung,
Wo die Ströme lebendigen Wassers im Gleichgewicht
und der Tau am frühen Morgen auf jeder
Rosenknospe sitzt.

ICH BIN die Farbe in der Natur, die lichtumkränzt
Strahlend auf der Schmetterlinge Flügel glänzt.
Die goldene Pracht durch des Herbstes Dauer,
Das purpurne Laub an einer Gartenmauer.

ICH BIN ALLES, DAS IST
Mit allen Lebensformen,
In der stillen See, in den stürmischen Winden,
ICH BIN EINS mit dem UNIVERSELLEN GEIST,
Der Licht im Herzen der Menschheit verheißt.

Joan Fugeman

TEIL II

Die Naturgeister der Bäume und Blumen

DIE BÄUME

Du, der du vorüberziehst und die Hand gegen
uns erhebst, höre wohl unser Gebet, bevor du
uns Schaden zufügst.

Wir sind der Brennstoff für dein Feuer in
kalten Nächten,
der freundliche Schatten, der dich vor der grellen
Sonne schützt, und unsere Früchte sind erfrischend,
um deinen Durst zu stillen und dich zu
ermuntern,wenn du weiter reist.

Wir sind die Sparren deines Daches, die Körper
deiner Boote, die Sitze deiner Stühle, und
die Bretter deines Bettes.

Wir sind der Griff deiner Hacke, das Tor zu
deinem Heim, das Holz deiner Wiege und die
Hülle deines Sargs.

Wir bewahren deinen Boden vor der Gewalt
von Regen und Wind, und deinem Boden geben wir
Reichtum und Leben zum Nutzen aller Menschen.

Wir sind das Brot der Freundlichkeit und die
Blume der Schönheit.

Du, der du vorüberziehst, höre unser Gebet
und schade uns nicht.

(Ein portugiesisches Gebet)

*D*ieses wunderschöne Gebet bringt die Balance der Natur zum Ausdruck, die ein vollkommener Gedanke Gottes ist. In der himmlischen Eingebung des großen Architekten, der unser Universum als seine manifestierten Gedanken erschuf, hat alles seinen Platz.

Dieses Gleichgewicht herrschte für Millionen von Jahren auf unserem Planeten – bis der Mensch beschloß, daß er seinem Gott überlegen sei und die Balance zugunsten persönlichen Gewinns und der Ansammlung großer Reichtümer zu stören entschied. In nur einhundert Jahren ist es uns gelungen, die Erde zu vergewaltigen, sie ihrer mineralischen Bodenschätze zu berauben und weite Bereich der Wälder und des Tierreiches zu zerstören. In der endlosen Jagd nach Rohstoffen für Papier und Handelsgüter haben wir unsere Holz- und Regenwälder vernichtet. Jedes Mal, wenn eine Tonne von Werbeprospekten in unseren Briefkästen landet, sind Tausende von lebendigen Bäumen und Tieren gestorben – und die sie bewohnenden Naturgeister ihrer Bleibe beraubt worden.

Der Mensch hat es darüber hinaus fertiggebracht, die verbleibenden Bäume in solchem Maß zu schwächen, daß sie Krankheiten und dem sauren Regen zum Opfer fallen. Gerade in jüngster Zeit bekommen wir auf unseren Fernsehbildschirmen immer wieder fürchterliche Waldbrände zu sehen, die in vielen Teilen der Welt riesige Waldgebiete zerstören. Die Erde selbst, die Nährstoffe produziert und sie den Pflanzen zur Verfügung stellt, ist mit chemischen Düngemitteln und Industrieabfällen vergiftet worden. Dieses Szenario stellt nicht nur für das Pflanzenreich eine Tragödie dar, sondern ebenso für Tiere, Menschen und die Naturgeister. Bäume sind die Lungen unseres Planeten, doch die heikle Balance im Austausch von Sauerstoff und Kohlendioxid ist längst gestört und trägt auf ernstzunehmende Weise zum Treibhauseffekt bei. Die Veränderungen unseres Klimas sind mittlerweile für jeden offensichtlich geworden – von wüstenartigen Dürren in manchen Ländern bis zu übermäßigen Regenfällen und gewaltigen Stürmen in anderen.

Gott sei Dank verändert sich die Situation mit dem wachsenden Bewußtsein der Menschheit für die ihr selbst wie auch der Erde drohenden Gefahren langsam. Es werden die verschiedensten

Aktionen zur Rettung des Lebens auf diesem Planeten organisiert, vom Verbot gewisser Chemikalien bis hin zur Pflanzung von Millionen neuer Bäume überall auf unserem Planeten. Das Wort „organisch" ist in Mode gekommen, was Würmern und natürlichen Mineralien die Rückkehr in den Erdboden ermöglicht. Mit der Wiederherstellung der Wälder wird auch eine große Zahl von Baumdevas und Naturgeistern wiederkehren; Wesen, die mit den ätherischen Körpern der Bäume arbeiten, um die jungen Pflanzen zu nähren und zu unterstützen.

Es gab schon immer Legenden, die von der Weisheit der Bäume erzählen, welche in vielen alten Zivilisationen aufgrund ihrer Kräfte und ihres Scharfblicks verehrt wurden. Die Kelten sprechen vom „Baum des Wissens", während die Kabbalisten den „Baum des Lebens" schon immer als Symbol des spirituellen Gleichgewichts von Negativ und Positiv betrachten. Buddha empfing die Erleuchtung unter einem Bodhi-Baum. Odin hing von einem Baum, und Jesus Christus wurde an ein hölzernes Kreuz geschlagen. Bäume sind die Eingeweihten der pflanzlichen Evolution, und wenn wir ihre Energie durch unseren Körper fließen lassen, werden sie uns auf unserer Reise entlang des Pfades der Erleuchtung hilfreich zur Seite stehen.

Ich erinnere mich daran, wie ich eines Tages in einem Park spazieren ging und dabei durch eine prachtvolle Baumallee wanderte. Plötzlich wurde ich mir der Einheit allen Lebens vollkommen bewußt. Ich erkannte, daß die Bäume meine Brüder sind und daß die Vögel und die anderen Tiere ebenso zu meiner Familie zählen wie meine menschlichen Verwandten. Darüber hinaus begriff ich, daß jeder Akt der Güte einen Teil meines Bewußtseins ausmacht, so wie auch jeder Akt des Bösen Auswirkungen darauf hat. Die göttliche Energie durchdringt jedes Atom dieser Erde und vereint die gesamte Schöpfung in reiner Liebe. Das Erkennen dessen wird uns irgendwann schließlich zurück zur vollkommenen Einheit inmitten des Herzens unseres Schöpfers führen.

Als kleines Kind konnte ich in Bäumen und Büschen winzige Lichter sehen, die ich später als Naturgeister erkannte. Ich denke, die meisten Kinder haben diese Fähigkeit, geben sie jedoch auf, wenn gutmeinende Erwachsene ihnen sagen, sie hätten eine überaktive Phantasie. Ich werde oft gefragt: „Wie können wir die in den Bäumen lebenden Gnome, Elfen und Feen sehen?" Ich rate immer, in die Mitte eines Waldes zu gehen, sich ganz still hinzusetzen und sich auf die Schönheit der Natur einzustimmen. Schauen Sie tief in die Blätter und Büsche, und vielleicht werden Sie plötzlich eine kleine Bewegung wahrnehmen, obwohl keine Brise weht. Oder es fällt eine Feder zu Ihren Füßen nieder, oder eine sanfte Berührung an Ihrer Wange – zart wie Spinnweben – zeigt die Gegenwart der Naturgeister an. Sehen Sie sich die Formen von Baumstämmen und Ästen an; auch dort können Sie die Umrisse von Feen und Elfen wiederfinden. Bringen Sie diese kleinen Lichtwesen während Ihrer Meditationen vor Ihr inneres Auge, dann werden sie bald ein Teil Ihrer physischen Wirklichkeit werden.

Die Stimme Gottes hallt durch die gesamte Schöpfung. Als ich meine Freundin Joan Fugeman in deren Heimat besuchte, hatte ich ein Erlebnis, das dem Wahrnehmen dieses Klanges bisher am nächsten kam. Joan lebt inmitten eines uralten Waldes. Es wäre eine Untertreibung, diesen Wald als verzaubert zu bezeichnen – er ist mit dem Wesen der Devas und Naturgeister förmlich erfüllt. Während meines Besuchs nahm Joan mich auf einen Spaziergang zu ihrem „Bienenbaum" mit, dessen Bekanntschaft ich machen sollte. Sie hatte mir zuvor erzählt, wie sie einmal mit dem Rücken an diesen Baum gelehnt meditierte und sich plötzlich in den Klang des AUM eingehüllt wiederfand, das überall in ihr und um sie herum widerzuhallen schien. Als sie die Augen öffnete, stellte sie fest, daß sie von kleinen braunen Bienen übersät war, die ihr keinerlei Schaden zufügten, da sie Joans große Liebe für alle Geschöpfe Gottes gespürt hatten. Die Bienen hatten ihr Heim in einem Hohlraum zwischen den Wurzeln dieses prachtvollen Bienenbaums.

Ich wollte unbedingt deren Bekanntschaft machen, also stellte ich mich ganz still mit dem Rücken zum Baum hin und ließ meine Liebe für diese bemerkenswerten Insekten aus mir herausfließen. Binnen Sekunden umschwärmten sie sanft meine Beine und meinen Körper, um dann über meine Arme hinauf zu meinem Gesicht und meinem Kopf zu fliegen. Ich spürte, daß sie mich als ihre Freundin akzeptiert hatten und hörte zu, wie sie den herrlichen Klang des AUM für mich widerhallen ließen. Der Gesang stieg und fiel wie das Seufzen des Windes und schien Raum und Zeit gänzlich mit seiner Pracht zu erfüllen. Er war so alt wie das Universum, und doch zugleich so jung wie der winzigste Samen – wahrhaftig ein Widerhall der Stimme Gottes in der Dämmerung der Schöpfung.

Nach einer Weile verließ ich den Bienenbaum. Die Bienen folgten mir noch ein kleines Stück des Weges und kehrten dann zu ihrer Beschäftigung in ihren friedlichen Baumwurzel-Hafen zurück. Es ist eine traurige Tatsache, daß die meisten dieser Wälder wie auch diese monumentale Buche dem Untergang geweiht sind. England – und nicht nur dieses – hat ein schwerwiegendes Verkehrsproblem, da zu wenig Straßen existieren; und so war auch Joans wunderbarer Wald bereits dazu verurteilt, Teil einer Autobahn zu werden. Bald schon würde die heitere Gelassenheit dem Donnern des Verkehrs und dem über einigen wenigen Sträuchern wehenden Geruch der Benzinabgase weichen müssen.

Joan, die einen tiefen Glauben besitzt, ging eines Tages in den Wald und nahm Verbindung zur Deva des Bienenbaums auf. Sie hoffte, ein Wunder könne die wundervollen Äste und Zweige des prachtvollen Baumes retten. Um sich immer an diesen Teil des Waldes erinnern zu können, machte sie einige Fotografien. Als wir später das Foto des Bienenbaums betrachteten, breitete sich vor unseren Augen ein ehrfurchtgebietender Anblick aus: In den Blättern konnten wir ganz deutlich die Gestalt des Naturgeistes wahrnehmen. Das Reich der Engel zeigte sich Joan in Anerkennung ihrer Liebe und ihres Mitgefühls für deren Waldheimat.

Diese Geschichte hat übrigens ein fröhliches Ende. England hat nicht nur zu wenig Straßen, sondern auch zu wenig Geld, und als die Kassen der örtlichen Regierungsstellen leer waren, stellte die von ihnen verpflichtete Straßenbaufirma die Arbeiten ein. Eine ganze Reihe von Joans Freunden hatte zu diesem Problem meditiert, und ich persönlich glaube, daß der große Erzengel, welcher diesen Wald bewacht, auf einer höheren Ebene eingegriffen hat. Es gibt keine Pläne zur Wiederaufnahme der Bauarbeiten an dieser Autobahn in der näheren oder auch ferneren Zukunft. Wenn wir unsere Kräfte mit jenen des Reichs der Engel vereinen, können eben tatsächlich Wunder geschehen.

Ich nehme Baumdevas als Kugeln aus strahlendem Licht wahr, welche alle Äste umgeben und sich bis in die höchsten Zweige hinauf erstrecken. Die Schönheit ihres pulsierenden Glanzes wird nur noch von den aus ihren Herzchakren fließenden Farben der Natur übertroffen. Um zu lernen, diese herrlichen Devas wahrzunehmen, schlage ich meinen Lesern vor, sich einen großen Baum zu suchen und einige Meter entfernt davon hinzustellen, so daß man den gesamten Stamm und auch die Äste sehen kann, wie sie sich vor dem Himmel abzeichnen. Schließen Sie Ihre Augen ein wenig, um leicht schielend oder nur durch schmale Schlitze auf den Baum zu blicken. Fixieren Sie auf diese Weise den Wipfel; bald schon sollten Sie um die Krone herum einen schwachen Schein erkennen können. Hier beginnt die ätherische Gestalt der Deva. Vielleicht nehmen Sie auch die Gegenwart von Naturgeistern wahr; mir erscheinen sie immer als kleine, zwischen Blättern, Blumen und Pflanzen umherflitzende Lichterscheinungen. Wenn Sie eine Hand auf den Stamm eines Baumes legen, können Sie den Herzschlag von dessen hochentwickelter Lebenskraft spüren und aus dieser Verbindung Stärke sowie Vitalität erlangen.

Ich habe entdeckt, daß die Energie der Bäume „männlich" oder „weiblich" sein kann. Wenn Sie eine Hand auf den Stamm legen und dabei den Eindruck gewinnen, die Energie fließe hinauf in den Himmel, dann handelt es sich um eine männliche Kraft. Bäume haben große Freude an der Kommunikation mit uns, und auf den folgenden Seiten werde ich einige ihrer Lehren mit meinen Lesern teilen. Dieselben Ergebnisse lassen sich auch erzielen, wenn man während der Meditation das Bild eines Baumes oder einer Blume in der Hand hält und die Liebe des Herzens mit dem Naturgeist in Verbindung treten läßt. Ich kann Ihnen nur empfehlen, die Schönheit eines solchen Kontaktes selbst einmal zu erfahren; Sie werden vom Ergebnis erstaunt sein! Wenn Liebe und Vertrauen zwischen allen Formen des Lebens fließen, ist es möglich, ebenso dem kleinsten Grasballen als auch dem fernsten Stern von dieser Kraft zu geben und sie von dort zu erhalten. Die Energien der Bäume, Blumen und Planeten können für unser gesamtes System von enormem Nutzen sein, da ihre heilenden Eigenschaften auf bestimmte Beschwerden des physischen Körpers eine positive Wirkung haben. Es gibt auch mit dem Geruch einzelner Blumen und Sträucher parfümierte Öle und Räucherstäbchen, die in unserem Heim eine entspannte und positive Atmosphäre schaffen können.

Ich habe bereits erwähnt, daß ich die Gegenwart der Naturgeister als Kind in Form kleiner Lichter in Bäumen und Büschen wahrnehmen konnte. Als ich auf meinem Heilungsweg fortschritt, wurde ich mehr und mehr fähig, diese Wesen mit meinen physischen Augen zu sehen. Als ich meine erste körperliche Sichtung eines Naturgeistes erlebte, saß ich still an einem Fluß und beobachtete, wie ein Haufen Distelwolle in mein Blickfeld trieb. Plötzlich erkannte ich zu meiner großen Freude, daß es sich bei dem, worauf ich schaute, keineswegs um Distelwolle, sondern um die Gestalt einer kleinen Fee handelte – komplett mit Armen, Beinen und kleinen Flügeln! Als sie begriff, daß ich sie sehen konnte, zeichnete sich auf ihrem Gesicht dieselbe Überraschung ab wie auf meinem. Sie wurde schneller und verschwand in einem nahen, dichtbelaubten Baum. Von diesem Tag an war es mir möglich, Elfen, Feen und andere Bewohner des Naturreiches zu sehen. Dies geschieht üblicherweise dann, wenn ich es am wenigsten erwarte und oft in Momenten, in denen ich an Naturgeister nicht einmal denke.

Diese entzückenden kleinen Manifestationen des göttlichen Willens werden auch in Ihr Zuhause kommen, wenn Sie dies zulassen. Sie lieben Blumen, Pflanzen, Frieden und Harmonie. Man sagt, daß Trolle und Gnome dunkle Dachböden und feuchte Keller vorziehen. Ich kann mich noch erinnern, wie ich als Kind einmal in den Keller eines Freundes ging und genau wußte, daß ich beobachtet wurde. Mir standen die Haare zu Berge und als ich mich umdrehte, sah ich deutlich eine dunkle Gestalt von etwa 90 Zentimetern Höhe. Als ich den Keller eilig verließ, huschte auch das Wesen schnell in eine noch dunklere Ecke. Diese Gestalten sind niemals bedrohlich, aber von großer Neugier.

Die Zeit ist gekommen, da wir diese winzigen Schöpfungsfunken wieder als Freunde und Helfer willkommen heißen sollten. Bitten Sie diese Wesen bei allen möglichen Aufgaben in Haus und Garten um Unterstützung. Vielleicht haben Sie keine Lust, den Fußboden zu schrubben oder Unkraut zu jäten, doch mit der Hilfe von Naturgeistern werden solche Arbeiten sehr interessant und nehmen viel weniger Zeit in Anspruch. Ich bin eine vielbeschäftigte Dame und weiß, daß sie mich bei der Hausarbeit unterstützen. Allerdings war ich sehr erfreut, als ich neulich bei einem Vortrag erfuhr, daß diese Wesen ein wenig Staub durchaus mögen. Wahrscheinlich halten sie mein Zuhause für ein Paradies!

Man kann Naturgeister auch als die Farbpalette Gottes betrachten, denn sie vertiefen die Farben und schaffen eine Vielzahl von Nuancen auf der ganzen Welt. Ohne sie würde es unserem Planeten an Glanz mangeln; er wäre ein ziemlich eintöniger Platz zum Leben. Naturgeister haben die Fähigkeit, jede Farbe, die sie mit ihrem Wesen berühren, zu verändern und zum Leuchten zu bringen.

Ich war kürzlich in einem Engelseminar und wollte den Teilnehmern Gelegenheit geben, die Energie der Baumgeister zu erfahren. Ich hatte am frühen Morgen den herrlichen Garten meines Gastgebers besucht und die Bäume und Sträucher um Erlaubnis gebeten, ein paar ihrer Blätter sammeln zu dürfen. Darüber hinaus bat ich die Naturgeister, etwas von ihrer Energie in diese Blätter zu übertragen.

Nachmittags bat ich jeden Seminarteilnehmer, eines der Blätter zu nehmen und in den Händen zu halten. Alle schlossen für einige Minuten die Augen und versuchten, sich auf die Energie der Blätter einzustimmen. Bei solchen Versuchen sind meist einige der Teilnehmer in der Lage, diese Energie zu spüren, während andere vor ihrem inneren Auge die Gestalten von Elfen oder Feen sehen können; doch ich war nicht im mindesten auf das vorbereitet, was dann wirklich geschah. Nachdem alle die Augen wieder geöffnet hatten, ermutigte ich die Teilnehmer, ihre Erfahrungen auszutauschen. Die Dame, welche das Seminar organisiert hatte, sprach zuerst. „Es ist sehr seltsam, aber mein Blatt hat plötzlich zu leuchten begonnen." Jemand aus dem hinteren Teil des Raumes sagte: „Ich wollte es erst gar nicht erwähnen, aber mein Blatt hat seine Farbe verändert. Es war ursprünglich dunkelgrün, aber jetzt ist es viel heller." Ein Mann meldete sich: „In meinem sind winzige Löcher erschienen – wie kleine Augen." Ein anderer Teilnehmer rief aufgeregt: „Die Spitze meines Blattes hat sich hellgrün verfärbt!" Eine weitere Dame sagte: „Ich hatte zwei miteinander verwachsene Blätter. Sie haben sich nun voneinander getrennt und zeigen zwei völlig unterschiedliche Grüntöne."

An diesem Nachmittag hatten die Naturgeister und die großen Baumdevas, die ganze Gruppen von Bäumen, Wäldern und Gärten umhüllen, beschlossen, uns zu zeigen, auf welche Weise sie ihre Aufgaben ausführen. Sie hatten ihre Energie mit unseren Schwingungen in Verbindung gebracht und so die Zellstruktur der Blätter verändert. Für sie ist das sehr einfach. Durch unsere Teilnahme an diesem Phänomen erlaubten sie uns zu erfahren, was es bedeutet, ein Mitschöpfer an der Seite Gottes zu sein. Je mehr wir unsere Schwingungen erhöhen, desto mehr dieser natürlichen Fähigkeiten werden auch in uns erwachen.

Innerhalb des Reichs der Natur gibt es bevorzugte Versammlungsorte. Naturwesen lieben Flußufer und die Nähe von Seen oder die Meeresküste. Sie treffen sich in Naturhecken und in den kühlen Schatten der Wälder, und wenn Sie aufmerksam zwischen den Bäumen umherwandern, können Sie eventuell auf einen Feenkreis (ein Kreis aus Pilzen, vornehmlich Fliegenpilze) stoßen. Bitten Sie um Erlaubnis, bevor Sie sich hineinbegeben. Einige Menschen sind mit Geschichten von Feentänzen und bezaubernder Musik aus diesen Kreisen zurückgekehrt.

Ich war kürzlich in Südafrika an einem Ort namens Hogg's Back. Man hatte mich gebeten, in einem prachtvollen, von verschiedensten Bäumen und Büschen erfüllten Garten einen kleinen Abendvortrag zu halten. Bei meiner Ankunft wurde ich von einem kleinen Mädchen begrüßt, das darauf bestand, mir den Ort zu zeigen, an dem die Feen ihr Heim haben.

Das Kind führte mich zu einem großen Eibenbaum und zeigte auf einen Torbogen, der sich an der Außenseite des massiven Stamms auf natürliche Weise geformt hatte. „Da gehen die Feen hin", sagte sie. „Siehst du die Feen?" fragte ich sie. „Oh ja", antwortete sie, „das sind meine Freunde. Sie spielen mit mir!" Ich empfand es als überaus beeindruckend, daß dieses Kind im vollen Verständnis der ganzen Mystik, die sich direkt an der Seite der Menschheit finden läßt, aufwachsen konnte.

Hier also sind die Ergebnisse meiner Forschungsreise in einige der spirituellen Aspekte der Bäume und Pflanzen. Durch die Chakren des menschlichen Körpers besteht eine Verbindung zu diesen Lebensformen:

ESCHE

Sie entspricht dem Dritten Auge (Stirnchakra) und dem Kronenchakra.

Vor langer Zeit kannte man mich als den 'Baum des Lebens'. Ich wachse gerne in der kühlen, klaren Luft der Berge und Hügel, weit fort von der Verseuchung der Städte und Siedlungen. Meine höchsten Äste blicken in die Dämmerung des neuen Tages und in die Ankunft der Nacht. Ich beobachte die frische Schönheit des Sonnenaufgangs und auch das Dankgebet des Sonnenuntergangs. Ich habe das Vergehen der Zeit im Universum gesehen und weiß um vergangene Ereignisse wie auch zukünftige Erfahrungen. Zeit hat wenig Bedeutung, denn ich kann in andere Dimensionen schauen und die größere Wahrheit des ewig währenden 'Jetzt' verstehen. Alles andere ist eine Illusion. Ich kann der Menschheit ein klares Bild der geistigen Ebenen bringen. Ich werde Euch ermutigen, mit Eurem Geist hinauszureichen, um neue Ideen und Konzepte zu sammeln. Dies wird Euch sowohl spirituell als auch auf kreative Weise inspirieren.

Ich kann mit den Sylphen der Luft in Verbindung treten und die Botschaften im Wind der Veränderung lesen. Ich werde dabei helfen, die Wut der Elementale abzukühlen, wenn sie in einem Wintersturm toben. Meine Äste biegen sich im Orkan, doch sie brechen niemals. Meine Wurzeln reichen hinab in den kühlen Boden und suchen den Rhythmus der Erde. ICH BIN LEBEN, LEBEN, LEBEN.

MEDITATION

Legen Sie Ihre Hand auf eine Esche, schließen Sie Ihre Augen und spüren Sie, wie sich die Energie des Baumes mit Ihrem Körper vereinigt. Die Esche bringt Ihnen Visionen von Dimensionen, die für die Menschheit noch verhüllt sind. Vereinen Sie Ihr Herz mit Ihrem Geist, um sich in die höheren geistigen Ebenen zu begeben. Rufen Sie die Sylphen und Nymphen der Luft um sich, damit jene Sie in das Reich des Lichts tragen können, wo Sie wundervolle Wälder und Gärten sehen werden. Vereinigen Sie Ihr Herz nach der Rückkehr aus der Meditation mit der Esche, damit Sie sich der Heiligkeit allen Lebens bewußt werden können. Das wird Ihr Herz mit Freude und Ihren Geist mit Frieden erfüllen.

BIRKE

*D*ieser Baum befindet sich in Harmonie mit dem Nabelchakra.

Meine Äste und Zweige werden für die Herstellung von Besen verwendet, mit denen Ihr Eure Böden von Schmutz und Ruß befreit. Auf diese Weise bin ich zu einem Symbol der Menschlichkeit geworden und kann Euch helfen, die Selbstbeweihräucherung Eures Egos zu überwinden. Auch wir, die Bäume, sind auf diese Erde gepflanzt worden, um zu lernen. Viele von uns befinden sich in der Nähe von Fahrwegen oder inmitten von Wohnsiedlungen. Wir sehen das Beste wie auch das Schlimmste in der Menschheit. Wir betrachten die Tragödien ebenso wie auch die Tapferkeit der Menschheit. Zu Füßen unserer Stämme wurden Schlachten ausgetragen, die viele Tote forderten. Auch wir haben gelitten. Unsere Wurzeln sind aus der Erde gerissen worden, und man fällte uns, um den Weg für das freizumachen, was Ihr 'Fortschritt' nennt. Dennoch lieben wir Euch noch immer und wünschen Euren Erfolg. Wir sehen, wie Ihr Euch zusammennehmt und es immer und immer wieder versucht. Wir sehen die Herrlichkeit der Zukunft, welche vor Euch liegt, wenn Ihr nur innehalten und Euren Herzen lauschen wollt. Alles wird gut sein. ICH BIN HOFFNUNG, HOFFNUNG, HOFFNUNG.

MEDITATION

Wenn Sie mit sich selbst oder jemand anderem in Konflikt stehen, kann es hilfreich sein, eine Birke aufzusuchen und sich mit dem Rücken an ihren Stamm gelehnt zu setzen. Atmen Sie einfach tief und gleichmäßig, aber ohne jede Anstrengung ein und aus und spüren Sie, wie die besänftigende Energie der Birke durch die Rinde des Baums in Ihren Körper übergeht. Bald schon werden Sie sich friedvoller fühlen. Hören Sie auf das, was Ihr Herz Ihnen sagt. Lassen Sie sich von der Birke dabei helfen, Sie zurück auf den Pfad des Lichts zu bringen, wo nur Liebe und Vergebung herrschen. Wenn Sie sich wieder in friedvollem Gleichgewicht befinden, danken Sie der Birke und öffnen Sie die Augen. Sie werden feststellen, daß Ihre Umgebung nun ein wenig heller und freundlicher erscheinen mag als zuvor, denn nun verdunkeln keine negativen Schwingungen in Ihnen mehr Ihren Blick auf die Schönheit der Natur.

ZEDER

*D*ieser Baum befindet sich im Gleichgewicht mit dem Wurzelchakra und dem Kronenchakra.

Mein rotes Holz bringt mich mit dem Element Feuer in Verbindung, weshalb ich mit den Salamandern bekannt bin, welche die Flammen der Natur bewohnen. Ich verstehe die Gefühle des Feuers, zu welchen Ärger, Wut und Zorn gehören. Doch meine Zweige und Blätter werden in heißen und dürren Ländern auch gerne genutzt, um Schutz und Schatten zu finden. So biete ich Linderung und bringe die sanfte Brise der Mäßigkeit in jede Situation.

Die Farbe meines Holzes zeigt Mut und Tapferkeit an. Ich kann Euch dabei helfen, Euren persönlichen Willen dem Willen Gottes zu unterwerfen. Meine Energie wird Euch darin unterstützen, die Feuer der Leidenschaft Eures Wurzelchakras in das wahre Gold spiritueller Erfüllung zu verwandeln. ICH BIN RUHE, RUHE, RUHE.

MEDITATION

Wann immer Sie Ärger oder Groll verspüren, suchen Sie den Schutz einer Zeder auf und legen Sie Ihre Arme um deren Stamm. Atmen Sie tief, aber entspannt ein und aus und lassen Sie die angenehme Kühle des Baums auf sich übergehen. Spüren Sie, wie die Energie der Zeder kühlt und besänftigt. Sie sind in Frieden; da herrscht kein Ärger mehr und auch kein Kummer, das wütende Feuer ist zum winzigen Liebesfunken inmitten Ihres Herzens geworden. Nehmen Sie diesen Frieden mit sich, wenn Sie den Baum nun verlassen. Sobald Zorn und Rage wieder von Ihnen Besitz ergreifen wollen, schließen Sie kurz die Augen und erinnern Sie sich bei ein oder zwei tiefen Atemzügen an die beschwichtigende Kraft der Zeder. Sie werden äußeren Anfechtungen nun um ein Vielfaches gelassener begegnen können.

KASTANIE

Dieser Baum befindet sich in Einheit mit dem Stirnchakra und dem Kronenchakra.

Nahe des Ortes, in dem ich in Sussex lebe, befindet sich einer meiner Lieblingsbäume, den ich regelmäßig besuche. Es ist eine riesige Kastanie, die ihre Arme weit ausbreitet und mir Heilung und Stärke gibt. Vor einigen Jahren wütete ein schwerer Sturm in unserer Grafschaft, vernichtete und entwurzelte Bäume, die schon seit Hunderten von Jahren hier gestanden hatten. Der Wind tobte die ganze Nacht, und als es endlich vorbei war, lief ich so schnell ich nur konnte zu „meinem" Baum. Da stand er in all seiner Majestät, sicher und gelassen – immer noch ein Hafen für meine Not. Dies gab mir die Kastanie mit:

Du bist viele Male zu mir gekommen, um Deine Hand auf meine Rinde zu legen und zu spüren, wie die Energie durch meinen Stamm fließt. Wir haben uns miteinander vereinigt und der Deva, die bei mir ist ermöglicht, auf diese Weise mit der Liebe Deines Herzens eins zu werden. Wann immer Du der Heilung bedarfst oder Deine Energien aufgebraucht sind, kann ich Dich unterstützen. Manchmal wirst Du Dich im Labyrinth des Wandels verloren fühlen; dann kann ich Dir dabei helfen, von Deinen inneren Quellen zu zehren. Schaue nie zurück auf das, was vergangen ist, sondern immer voraus auf das, was noch kommt. Ich repräsentiere auch die Stabilität des 'Jetzt' und werde Dir ein klares Bild dieses nie mehr wiederkehrenden Augenblicks eröffnen. Genauso einzigartig, wie Du und ich es sind, ist auch der gerade erlebte Augenblick. Keines Menschen Augenblick gleicht dem eines anderen. Jedes Atom dieses Planeten existiert in einem anderen 'Jetzt', und all diese 'Jetzt' sind Teil jener göttlichen Energie, die Dich, mich und den vergehenden Augenblick geschaffen hat. Ich bin ein Teil von Dir, wie Du ein Teil von mir bist. Beide sind wir Teil des Augenblicks, der schon verschwunden ist. Schreite mit Mut, Stärke und Vertrauen in die Zukunft. ICH BIN EINHEIT, EINHEIT, EINHEIT.

MEDITATION

Wagen Sie sich einfach mal hinaus und suchen Sie sich Ihren eigenen Baum. Es muß nicht unbedingt eine Kastanie sein; jeder Baum, von dem Sie sich angezogen fühlen, ist geeignet, wenn auch die Kastanie Ihnen sicher einen besonderen Zugang zum Phänomen des Augenblicks eröffnen kann. Lehnen Sie sich an den Baum, schließen Sie die Augen und stimmen Sie sich ohne bestimmte Fragen oder ein im Voraus gewähltes Ziel auf die Energie dieses hochaufragenden Wesens ein. Versuchen Sie, mit Ihrem inneren Auge die in seiner Struktur wirkenden Naturgeister zu sehen; dies können Sie unterstützen, indem Sie sich des öfteren einfach ruhig hinsetzen und den Kreaturen des Waldes durch Ihre Stille erlauben, sich Ihnen ohne Furcht zu nähern. Lauschen Sie dem Gesang der Vögel und riechen Sie das Gras, das zu Füßen Ihres Baumes wächst. Erfahren Sie die ganze Reichweite der Aktivität des Baumes, und vereinen Sie sich auf diese Weise mit der prachtvollen Deva, deren Lebenskraft Sie gerade genießen, und vergessen Sie nicht, danach einige Worte des liebevollen Dankes auszusprechen.

ULME

*D*ieser Baum befindet sich in Harmonie mit dem Herzchakra.

Als der empfindsamste alle Bäume habe ich gewählt, der Menschheit zu zeigen, was geschehen wird, wenn die Verschmutzung und Zerstörung der Wälder kein Ende findet. Ich habe mir das, was Ihr als 'Ulmenkrankheit' kennt, nicht zufälligerweise zugezogen, sondern wurde gefragt, ob ich bereit sei, mich für den Planeten und die Menschheit zu opfern. Weil ich Euch liebe und mit Euch fühle, erlaubte ich meinem physischen Körper, Kummer und Schmerz zu erfahren. Meine Energie braucht sich auf, und meine jungen Triebe erheben sich nicht mehr. In meinem Stamm schwelt der Geruch von Fäulnis und Tod. Seht mit Güte auf mich herab, doch beweint mich nicht zu sehr, denn mein Opfer ist auch ein Teil meines eigenen Entwicklungsweges. Die Deva und auch die Naturgeister in meiner Aura werden aus dieser Erfahrung großen Nutzen ziehen. Gemeinsam werden wir erneut geboren werden, zu einer Zeit, in der die Menschheit den Streit beendet hat und bereit ist, Seite an

*Seite mit ihren Brüdern zu leben – mögen diese Tiere, Pflanzen,
Steine oder Menschen sein. ICH BIN OPFER, OPFER, OPFER.*

MEDITATION

Schließen Sie Ihre Augen, und betrachten Sie mit Ihrer inneren
Sicht unseren Planeten mit all seiner geistigen und materiellen
Verschmutzung und Verwüstung durch den Menschen. Verändern Sie diese Vorstellung nun in Ihren Gedanken in ein positives Bild der Wiederherstellung. Sehen Sie die Welt vor Ihrem inneren Auge von reinen und unbeschädigten Wäldern bedeckt.
Stellen Sie sich vor, daß große Waldbereiche nur für die Engel
und Naturgeister zur Seite gestellt werden. Visualisieren Sie die
Flüsse und Meere als sauber und im Sonnenlicht glitzernd. Sehen Sie die ganze Erde in Licht gehüllt vor sich.

EICHE

*D*ieser Baum repräsentiert das Wurzelchakra und das Kronenchakra.

*Ich bin das Symbol der Stärke. Meine mächtigen Wurzeln senken
sich tief in die Erde hinein, und meine weit ausgebreiteten Äste reichen bis in die fernsten Ecken der Welt. Überall auf dem gesamten
Globus streben meine vor Leben pulsierenden jungen Triebe in Fel-
dern und auf Lichtungen der Sonne entgegen. Hunderte von Jahren lang stand ich ebenso im Schatten von Schlössern wie auch in
Sichtweite ärmlichster Behausungen. Versucht jedoch nicht, mich
auf Euer Reich der festen Materie zu beschränken. Ich reiche bis in
die geistigen Reiche des Lichts hinauf, wo ich ebenfalls einen Körper habe, und kann Euch einen Eindruck von der Fortdauer allen
Lebens verschaffen. Ich kann Euch helfen, die Ewigkeit zu verstehen und Euch das Wissen vergangener Zeiten bringen. Der Mi-
stelzweig, der manchmal in meinen Ästen wächst, bringt Euch die
Erinnerung an vergangene Rituale, die einst unter meiner Krone
ausgeführt wurden. Im Wind meiner Blätter werdet Ihr die Musik
der Sphären und den Gesang der Sirenen hören. Ich stehe mit dem
Element Erde in Verbindung, weshalb Ihr bald schon in der Lage
sein werdet, das pfeilschnelle Licht der Naturgeister zu erblicken,
die in meiner Gestalt Schutz finden. ICH BIN SPIRITUELLE STÄR-
KE, STÄRKE, STÄRKE.*

MEDITATION

Begeben Sie sich in die Sicherheit und den Trost eines großen Eichenbaums. Setzen Sie sich mit dem Rücken an den Stamm gelehnt hin. Stellen Sie sich nun vor, wie Sie von den Schwingen eines sanften Windes in die Sphären des Lichts erhoben werden, wo Sie hören können, wie die Engel in den goldenen Tempeln der Anrufung und Heilung singen. Wenn Sie möchten, können Sie sich in einen dieser Tempel hineinbegeben, um dort bestimmte Fragen zu stellen, welche Ihnen am Herzen liegen, oder auch einfach nur, um zuzuhören und zu lernen. Stellen Sie sich dann vor, wie Sie langsam wieder in den Schutz der Eiche zurückkehren und dabei Ihre Liebe zur Deva dieses Baumes durch dessen gesamte Gestalt strömen lassen. Vielleicht werden Sie sogar einen winzigen Blick auf den „grünen Mann" erhaschen können, der diese geheiligte Eiche bewacht. Auch er ist Ihr Freund und beschützt Sie vor Schaden. Nehmen Sie aus Ihrer Meditation ein wenig von der unerschütterlichen Kraft der Eiche mit in Ihren Alltag, nachdem Sie sich herzlich für dieses Geschenk bedankt haben.

KIEFER

*D*ieser Baum steht in Einklang mit dem Kronenchakra.

Wir sind die Ohren des Naturreiches. Überall auf der Erde sind wir in großer Zahl anzutreffen. Wir lauschen den Stimmen der Menschen, und wir hören die Verzweiflung und Qual, wenn Ihr sprecht. Wenn wir betrachten, wohin die Gier Euch gebracht hat, hören und verstehen wir Euer Leid. Dennoch raten wir Euch, positive Gedanken in die Welt zu senden. Laßt Euch nicht von Eurer Selbstkritik negativ beeinflussen. Schätzt Euer inneres Selbst und laßt die Liebe Eures Herzens Eure guten Absichten zu Euren Brüdern und Schwestern tragen. Teilt Eure Liebe miteinander, meine Kinder Gottes, und Ihr werdet Frieden finden, wo immer Ihr auch geht. Legt Eure Hände auf meinen Stamm, und ich werde Euch jenen Frieden bringen, der frei von Kampf ist, und die Annahme des göttlichen Willens auf Erden. ICH BIN GÖTTLICHE ANNAHME, ANNAHME, ANNAHME.

MEDITATION

Nachdem Sie die Augen geschlossen, sich ein wenig entspannt und einige tiefe, bewußte Atemzüge genommen haben, stellen Sie sich vor, daß Sie zwischen zwei sehr großen Kiefern stehen. Spüren Sie, wie die Energien beider Bäume in Ihren Körper fließen und sich dort vereinigen, wobei sie sich selbst und im selben Zuge auch Ihre Seele ausgleichen und besänftigen. Betrachten Sie all jene Aufgaben, deren Erledigung Sie schon hinter sich gebracht haben, und beginnen Sie damit, den roten Faden zu erkennen, der sich durch Ihr Leben zieht und ihm einen deutlichen Sinn verleiht. Auch wissen Sie nun, wie sehr Sie von Ihren Freunden im Geiste geliebt und geschätzt werden. Sie waren niemals alleine. Atmen Sie den Duft der Kiefernnadeln tief ein und lassen Sie sich von den klärenden Dämpfen reinigen und erfrischen, bevor Sie mit dem Gefühl geistiger Klarheit wieder in Ihren Alltag zurückkehren.

BERGAHORN

*D*ieser Baum steht in Verbindung mit dem Kehlkopfchakra.

Ich bin der Bote der Götter. Im alten Ägypten ehrte man mich, weil ich am Eingang der geistigen Reiche stehe. Meine Samen werden schon von der sanftesten Brise weit über die Erde hinweg getragen. Ich bringe Euch Freude und Vergnügen von den Engeln und Meistern, die über die Menschheit wachen, denn das Leben sollte von frohlockendem Gelächter und seligem Vernügen erfüllt sein! Ich mag keine langen und trübsinnigen Gesichter. Also laßt mich Euer Lächeln sehen, wenn Ihr unter meinem Blätterdach Schutz sucht. Seid Euch Eurer Segnungen bewußt, und zeigt der Welt ein fröhliches Wesen, wann immer Ihr einander begegnet. Laßt die Hochs und Tiefs der menschlichen Existenz in dem Wissen geschehen, daß das Leben gut ist. Diese Botschaft bringe ich Euch: Werdet so groß wie der höchste Baum und laßt die Welt in Eurer Freude aufleben. ICH BIN FREUDE, FREUDE, FREUDE.

MEDITATION

Lehnen Sie sich zurück, entspannen Sie sich und sehen Sie sich selbst vor Ihrem inneren Auge, wie Sie singend um einen Bergahorn tanzen. Stellen Sie sich vor, wie Sie von der Brise eines Sommertages emporgehoben auf den Schwingen eines Ahornsamens weit über die Erde getragen werden. Pflanzen Sie Liebe und Freude auf dem ganzen Planeten, und erfüllen Sie die Erde mit positiven und wohltuenden Gedanken. Es gibt so viele Gründe, sich aus vollem Herzen zu freuen. Schauen Sie nur einmal tief in die Herzen der Menschen und sehen Sie die Güte, die dort wohnt! Nur, wenn Sie bereit sind, das Gute im Menschen zu sehen, werden Sie es auch vom anderen erfahren können. Jedes Mal, wenn Sie über diese Tugenden nachdenken und in Ihrer Vorstellung die Missetaten der Menschheit in sanfte und mitfühlende Vergebung einhüllen, werden Sie zum Instrument, das diese positiven Eigenschaften an die Oberfläche trägt. Jeder von uns ist ein Teil der Menschheit, und deswegen kann jeder von uns ein Stück dieser Aufgabe erledigen, indem er sich wie auch die Menschen insgesamt mit neuem, freudvollem Wohlwollen zu betrachten beginnt.

EIBE

*D*ieser Baum befindet sich im Gleichgewicht mit dem Wurzelchakra und dem Kronenchakra.

Meine Wachstums- und Lebensspanne auf Eurem Planeten erstreckt sich oft über mehrere tausend Jahre. Ich bin mächtig, und stark. Ich bin der Baum der Mysterien, denn ich stehe zwischen Leben und Tod. Ich bin Dunkelheit, und ich bin Licht. Meine Früchte sind giftig, denn sie symbolisieren den bitteren Geschmack negativer Handlungsweisen. Mein Holz leuchtet in vielen Farben und zeigt, wenn es poliert ist, Bereiche des Lichtes wie auch des Schattens. Ich teile all Eure Sünden und all Eure Tugenden.

In vergangenen Zeiten war ich der Baum, unter welchem diskutiert und entschieden wurde. Ich war der Baum des Gerichts, weshalb Ihr mich oft auf Friedhöfen antreffen könnt. Wann immer Ihr zu mir kommt, um an meinem Stamm zu ruhen, werde ich Euch beim Treffen wichtiger Entscheidungen helfen. Meine Energien werden Euch dabei unterstützen, Richtiges von Falschem zu unterscheiden und auf das zu hören, was Euch Euer Bewußtsein sagt. Ich kann Euch dabei helfen, Euch Eures wahren inneren Selbst bewußt zu werden, dieses inneren Lichts, welches das wahrhaftige und ewige Ich darstellt. *ICH BIN WAHRHEIT, WAHRHEIT, WAHR-HEIT.*

MEDITATION

Meditieren Sie unter diesem Baum nur dann, wenn Sie wirklich die Wahrheit über sich und Ihre Situation erfahren möchten. Was Sie sehen, könnte Ihnen nicht gefallen, und was sie empfangen, könnte etwas anderes sein als das, was sie gerne hören wollen. Was immer die Eibe Ihnen auch mitteilt, wird offen und genau sein und als Spiegel Ihrer Seele dienen. Gehen Sie zur Eibe, wenn Sie das Gefühl haben, mit einem bestimmten Problem oder innerhalb eines besonderen Prozesses nicht mehr weiterzukommen, wenn Sie sich als blockiert oder einfach „betriebsblind" empfinden. Lehnen Sie sich dann an den Stamm dieses Baumes und lassen Sie sich bei geschlossenen Augen und ruhig atmend erst einmal für eine gewisse Zeit auf den Baum wie auch auf sich selbst ein. Nehmen Sie die sanften, aber bestimmten Schwingungen der Energie der Eibe wahr und beobachten Sie, wie sich Ihr Inneres bei der Berührung durch die Deva der Eibe verhält. Wenn Sie ein Gefühl der Ruhe und Entspannung erreicht haben, schildern Sie dem Baum Ihre Situation und bitten Sie um seinen Rat. Dieser kann in Form von Bildern, Gedanken oder einfach auch Eingebungen eintreffen; immer aber wird er sich im Kern auf Sie selbst beziehen und Ihnen zeigen, was Sie persönlich tun oder lassen können, um den nächsten Schritt zu unternehmen.

WEIDE

*D*ieser Baum befindet sich in vollständiger Harmonie mit dem Herzzentrum.

Ich werde die 'trauernde Weide' genannt, weil ich fähig bin, um das Leid der ganzen Menschheit zu weinen. Die Tiefe meines Mitgefühls ermöglicht mir die Gabe der reinen Liebe, mit welcher ich die Herzchakren der Menschheit mit dem großen universellen Herzen Gottes verbinden kann. Meine Liebe und mein Mitgefühl hüllen die gesamte, sich auf dem Pfad der Erfahrungen vorwärts kämpfende Schöpfung ein. Da ich gerne in der Nähe von Flüssen und Seen wachse, bin ich mit den Wassergeistern befreundet; auch werden meine Zweige gerne verwendet, um die Lage von Wasseradern vorherzusagen. Die Spitzen meiner Äste biegen sich weit herab und berühren den Boden, so daß ich mich auf den Herzschlag von Mutter Erde einstimmen kann. Die Strahlen der Sonne, die auf mein gebeugtes Haupt scheinen und auf meinen Blättern glitzern, bringen mir die Wärme der Salamander. Der Wind schwenkt meine Zweige auf den Lichtungen hin und her, so daß meine Liebe und mein Verständnis auch die Sylphen der Luft umfaßt. So bin ich eins mit allen Elementen. ICH BIN LIEBE, LIEBE, LIEBE.

MEDITATION

Stellen Sie sich vor, wie Sie von den Zweigen einer Weide gehalten werden, oder begeben Sie sich tatsächlich in einen solchen Baum. Klettern Sie ruhig ein wenig hinauf, suchen Sie sich einen bequemen, breiten Ast oder eine solche Astgabel, und lehnen Sie sich darauf sitzend an den Stamm der Weide. Spüren Sie, wie sich Ihr Herzzentrum weit öffnet und reine Liebe für die gesamte Schöpfung verströmt. Nun begegnen Sie nacheinander oder auch zugleich den Naturgeistern der Erde, der Luft, des Feuers und des Wassers. Betrachten Sie diese Wesen und hören Sie den Botschaften, die für Sie da sind, gut zu. Lassen Sie sich dann von den Naturgeistern auf eine Reise durch die Elemente schicken. Sehen Sie sich als hoch oben in der Luft schwebenden Regentropfen und beobachten Sie, wie die Erde während Ihres Weges nach unten näher und näher kommt, bis Sie in einen schnell dahin strömenden Fluß fallen. Spüren Sie, wie Sie zu gleicher Zeit sowohl der winzige Tropfen als auch die ganze, reißende Flut sind. Fließen Sie mit den Wassern des Flusses; zuerst an dessen Oberfläche, dann in seiner Mitte und schließlich unten am Flußbett entlang, bis Sie irgendwann tief in die Erde einsinken und in deren Ruhe den raschen Strom über sich zurück lassen. Nun ist das laute, hektische Rauschen vorbei, und friedvolle Stille umgibt Sie. Werden Sie eins mit einem Samenkorn, das in dieser Stille schläft. Ihre Beseelung erweckt es, so daß es beginnt, sich durch die Erde zum Himmel empor zu drängen. Spüren Sie, wie Sie sich recken und strecken und mit Ihren jungen Trieben die oberen Erdschichten zur Seite schieben, bis Sie schließlich die Oberfläche durchstoßen und das warme Licht der Sonne auf Ihren zarten Blättern fühlen können, während Sie auf dem Pfad des Lebens wachsen und fortschreiten.

Das Pflanzenreich verfügt in seinen Blättern und Blüten über viele Eigenschaften, die den menschlichen Körper ausgleichen und ihm helfen können. Man sagt, daß Gott uns für jede Krankheit eine Pflanze gab, die diese Krankheit heilen kann. Je mehr wir uns dem Reich der Natur annähern, desto mehr werden wir über die spirituellen Eigenschaften der Pflanzen erfahren. Im folgenden vermittle ich Ihnen die Botschaften einiger der Blumen, die mir gestatteten, zu den in ihren Blättern weilenden Naturgeistern Verbindung aufzunehmen.

NELKE

*D*iese Blume befindet sich im Gleichklang mit dem Herzzentrum und dem Kehlkopfchakra.

Meine Blütenblätter enthalten die Essenz allen Lebens. Wir, die Ihr die Blumen nennt, lieben den Erdboden für seine Wärme und seinen Schutz. Wir sind wahrhaftig alle von Mutter Erde umgeben und öffnen unsere Blütenkelche dankbar der Sonne, unserem Vater. Die Bienen, welche unseren Nektar sammeln, sind unsere Brüder und der Mond, der des Nachts auf uns herniederscheint, ist unsere Schwester. Die Regentropfen erfrischen uns, und das Land, auf dem wir wachsen, nährt uns. Wir alle sind eins. Die Heileigenschaften von uns Nelken befinden sich in den Farben unserer Blütenblätter und in dem Geruch, den Ihr einatmet. Nehmt die Pracht unseres Dufts tief in Euch auf, und jede Depression, jede Schwermut wird dahinschmelzen. Wählt eine unserer vielen Blütenfarben und tragt sie an Eurer Kleidung. Es wird Euer Tag mit Freude und Leichtigkeit erfüllt sein. Aus diesem Grund werden wir auf Hochzeiten gerne im Knopfloch getragen. Mit den Farben und dem Duft unserer Blütenblätter verbreiten wir Liebe und Hingabe.

MEDITATION

Atmen Sie ein wenig Ruhe in sich hinein und sehen Sie vor Ihrem inneren Auge ein mit Nelken verschiedenster Farbtöne bepflanztes Blumenbeet. Beobachten Sie, wie sich deren Blütenblätter von den Blumenköpfen lösen und auf einer sanften Brise davonschweben, um Sie einzuhüllen. Sie befinden sich nun inmitten eines Farbbandes, das als bunter Teppich zu Ihren Füßen niedergeht. Sie sind glücklich und zufrieden; all Ihre Sorgen sind vergessen, nichts kann Ihren geistigen Frieden stören. Die in der Aura der Nelke lebenden Naturgeister sind Ihre Freunde; sie weben ein Gespinst aus lindernden Farben um Ihren Körper, das Sie noch mehrere Tage lang umgeben und Ihnen auf diese Weise Glück und Heilung bringen wird. Bedanken Sie sich bei der Deva der Nelken für dieses Geschenk, bevor Sie wieder in Ihre gewohnte Umgebung zurückkehren.

GERANIE

Sie befindet sich im Gleichgewicht mit dem Sakralchakra und dem Nabelchakra.

Auch ich bin eine jener Blumen, die Euch Heiterkeit und Zufriedenheit bringen. Die Naturgeister, welche in meinen Blättern und Blüten leben, sind immer fröhlich und suchen ständig nach Menschen, deren Herzzentren von Liebe erstrahlen. Setzt mich in Eure Gärten, und alle anderen Pflanzen werden ein Lied der Seligkeit singen. Meine Zufriedenheit fließt durch meine Blätter, so daß diese zur Heilung vieler verschiedener, von Unausgeglichenheit und Stauungen ausgelöster menschlicher Leiden verwendet werden können. Im besonderen arbeite ich an der Regulierung der menschlichen Fortpflanzungszyklen und helfe den Menschen auf diese Weise, die wahre Herrlichkeit des sexuellen Schöpfungsaktes zu begreifen. Ich helfe dabei, Depressionen zu lichten und lindere die Angst, welche die Geißel aller Menschen ist. Meine Liebe kann jede Stauung auflösen und mein Mitgefühl jede Depression lindern.

MEDITATION

Stellen Sie sich nach einigen entspannenden Atemzügen eine wunderschöne Geranienblüte vor. Betrachten Sie sie von allen Seiten; bemerken Sie ihre lebendigen Farben, ihre grazile Form und riechen Sie ihren herrlichen Duft. Nun bemerken Sie, wie Sie auf die Blüte zubewegt werden – Sie schweben langsam erst auf die Pflanze zu und dann sanft in sie hinein. Werden Sie ein Teil ihres Stengels, ihrer Blätter und ihrer Blüten, und seien Sie sich der Gegenseitigkeit dieser Vereinigung bewußt. So, wie Sie ein Teil der Pflanze geworden sind, ist nun auch die Essenz der Pflanze ein Teil von Ihnen. Spüren Sie dem Energiestrom der Geranie durch Ihren Körper nach und beobachten Sie, wo sich dieser frei und ungehemmt entfalten kann, und wo er Wirbel aufweist. Falls einige Ihrer Zentren blockiert sein sollten, wird die meditative Vereinigung mit der Geranie Stauungen und Ungleichgewichte innerhalb der Organe Ihres Körpers lindern. In den folgenden Tagen werden Sie die besänftigende Wirkung der Geranie auf körperlicher und auch seelischer Ebene wahrnehmen können.

JASMIN

*D*iese Blume befindet sich in Harmonie mit dem Dritten Auge (Stirnchakra), dem Herzchakra und dem Sakralchakra.

Ich bin eine sehr alte Blume, denn ich wuchs schon in den Gärten von Atlantis, Ägypten und Persien. Mein Duft wird Euch daher helfen, die Erinnerung an in vergangener Zeit erfahrene Weisheit zurückzubringen. Mein scharfer Geruch verkündet Träume von vergangenen und zukünftigen Inkarnationen. Das Öl aus meinen Blüten unterstützt alle Formen menschlicher Liebe, besonders während Empfängnis und Geburt. Wenn meine Liebe in die Zentren Eurer Herzen fließt, wird aller Kummer erleichtert. Mein Duft lindert Hysterie, Schlaflosigkeit und Panikanfälle, die durch Phobien ausgelöst werden, welche aus vergangenen Inkarnationen stammen.

MEDITATION

Machen Sie es sich bequem, und schließen Sie die Augen. Sehen Sie sich selbst in einem uralten Tempelgarten, wo Sie sich über ein Beet mit Jasminblüten beugen und vorsichtig einige der Pflanzen pflücken. Atmen Sie den Geruch für einen Augenblick tief ein. Der Duft trägt Sie davon; das Bild verschwimmt nun, und Sie finden sich in einem Tempel auf einem Diwan liegend wieder. Jemand massiert Ihre Haut mit dem Öl der Jasminblüte. Stellen Sie sich vor, wie das sanfte Licht der Energie des Jasmin Ihren Körper wie kostbarster Balsam einhüllt und ihm wohltut. Bleiben Sie für eine Weile liegen, und genießen Sie den Frieden und die Schönheit, welche in der Atmosphäre dieses heilenden Tempels liegen. Wenn Sie in Ihr Alltagsleben zurückkehren, werden Sie feststellen, daß alle Schmerzen oder Ängste, welche Sie plagten, gelindert wurden. Deshalb können Sie diese Meditation immer dann durchführen, wenn Sie sich erschöpft fühlen, Kopfschmerzen haben oder Ihr Körper auf andere Weise das Bedürfnis nach Ruhe und liebevoller Zuwendung anmeldet.

LAVENDEL

*D*iese Pflanze steht mit dem Stirnchakra in Verbindung.

Ich wachse seit vielen Jahren aus dem Erdboden Eures Planeten, und meine Blüten werden seit Jahrhunderten aufgrund ihrer mystischen Eigenschaften verwendet. Sie werden verbrannt, um Böses abzuwehren und die Energien der Tugend und Güte zurückzubringen. Unsere Büsche sind immer vom Wesen der Naturgeister erfüllt, die sich mit den im menschlichen Körper wirkenden Elementalen vereinigen, um dessen Immunsystem zu stärken. Es ist sehr wichtig, daß wir Euren Planeten bewohnen, denn wir können beim Kampf gegen Umweltverschmutzung und den Mangel an reiner Luft behilflich sein. Wir lindern Kopfschmerzen und bringen denen, die unter Ängsten und Ruhelosigkeit leiden, das Geschenk des Schlafs. Das blasse Violett unserer Blüten hilft, den Energiefluß durch die Chakren auszugleichen; ein Räucherstäbchen mit Lavendelduft verbrennt jede Negativität, die sich dort angesammelt hat.

MEDITATION

Sie können diese Übung mit einem echten Lavendelstrauch oder auch in Ihrer Vorstellung ausführen. Legen Sie eine Hand auf den Busch, und spüren Sie das ätherische Feld, welches seine Gestalt umgibt. Werden Sie sich nun Ihres eigenen ätherischen Körpers bewußt, und vereinigen Sie diesen mit den Elementen des Lavendels, bis sich beide Energien in vollkommener Harmonie miteinander verbinden. Dies gleicht Sie aus, gibt Ihnen Auftrieb und entspannt Sie in der Vorbereitung auf Ihre täglichen Aufgaben. Vielleicht nimmt Ihre Aura eine sanft violette Tönung an, die Sie mit aus Ihrer Meditation nehmen und heilsam nach außen verströmen können.

LOTUS

*D*iese Blume verbindet sich mit dem Kronenchakra.

Ich bin eine geheiligte, von Gott und den Engeln der Weisheit geliebte Blume. Ich fließe auf den stillen Wassern eines Sees, der die vervollkommnete Seele des Menschen symbolisiert. Ich wurde von allen östlichen Kulturen Eures Planeten geschätzt und sowohl von der uralten Maya-Rasse als auch von den Eingeborenen Amerikas hoch verehrt. Ich trage die Erinnerung an alte Kontinente und längst vergangene Zivilisationen in mir.

Der Wind weht wie der Atem Gottes über meine Blüten hinweg, und wenn Ihr mit meinem Bild meditiert, wird dies die Liebe des Christusgeistes in Euer Herz bringen. Die geheiligten Zentren Eures ätherischen Körpers werden im Licht der Wandlung zu leuchten beginnen. Der leise Klang des heiligen AUM wird Euren Geist mit Reinheit und inniger Liebe erfüllen. Wenn Ihr meine Blütenblätter auf euren Kopf legt, werden sie Euch zur Wirklichkeit der Erleuchtung erwecken. Ihr werdet mit Gott vereint sein und ein Teil jener ewigen Liebe werden, welche die gesamte Schöpfung umhüllt. Euer physischer Körper wird im Rhythmus des Universums schwingen.

Inmitten des Zentrums meiner Lotusblüte steht ein ganz besonderer Engel des Lichts, der aus reiner, bedingungsloser Liebe und göttlicher Macht besteht. Meine Lotusblüte zeigt universelle Weis-

*heit, Einheit und das Verständnis auf, welches unmittelbar dem
Geist Gottes entspringt.*

MEDITATION

Je tiefer Sie sich zu Beginn dieser Meditation entspannen, desto
segensreicher wird diese für Sie sein. Finden Sie einen Ort, an
dem Sie sich wohl und sicher fühlen, und suchen Sie sich vielleicht eine entspannende Meditationsmusik aus, die an die sanften Wellen eines stillen Sees erinnert. Stellen Sie sich im Geiste
an diesen See, und betrachten Sie ihn zunächst einmal in aller
Ruhe, bis Sie seine friedvolle Atmosphäre ganz in sich aufgenommen haben. Das Gras wiegt sich sachte im Wind, und ein
Strom weißer Blütenblätter zieht an Ihnen vorbei. In der Mitte
des Sees bemerken Sie eine geöffnete Lotusblume, aus deren
Mitte sich ein goldenes Licht in alle Richtungen ergießt. Dieses
Licht zieht Sie auf magische Weise direkt in das Herz der Blüte
hinein; während Sie sich darauf zubewegen, wird der Lotus immer größer und weiter, bis Sie in seine Blütenmitte treten können. Dort stellen Sie fest, daß der Lotus ein Tor zu den höheren
Ebenen des Geistes ist. Das Bild verändert sich; nun sind Sie in
einem goldenen Tempel des Lichts. Er ist mit klaren Kristallen
ausgestattet und wird von vielen Kerzen erhellt. Ihr Lehrer aus
den geistigen Reichen erwartet Sie, und Sie setzen sich für einen
kurzen Augenblick nieder und lauschen seinen Worten der
Weisheit. Vielleicht möchten Sie auch eine Frage stellen, die er
oder sie gerne beantworten wird. Wenn Sie das Gefühl haben,
daß sich Ihr Gespräch dem Ende zuneigt, bedanken Sie sich
herzlich bei Ihrem Lehrer und beobachten Sie, wie das Herz der
Lotusblüte wieder um Sie herum erscheint. Gemeinsam mit dem
sich daraus ergießenden goldenen Licht strömen auch Sie wieder an das Ufer des friedvollen Sees. Sie kehren von spiritueller
Klarheit erfüllt aus der Meditation zurück. Bedanken Sie sich bei
der Deva des Lotus für das Tor, das sie Ihnen eröffnet hat.

ROSE

*D*iese Blume steht in Einklang mit dem Herzchakra.

*Die in meinem Rosenbüschen wirkenden Naturgeister bringen den
Menschen das Gesetz des Gleichgewichts. Meine rote und meine*

weiße Rose sind vollkommen ausbalanciert und formen so die rosafarbene Blüte der uneingeschränkten Liebe. Die Dornen an meinen Zweigen symbolisieren den Kampf, welcher die Menschen auf ihrer Reise zur spirituellen Erleuchtung erwartet. Wenn Ihr Euch in den Finger stecht und blutet, zeigt dies die Tränen und Sorgen auf dem Pfad des Lebens an. Jesus Christus blutete aus Händen und Füßen, damit der Mensch jene Erfahrung machen kann, durch welche er zum Herzen Gottes zurück gebracht wird, und sein Opfer brachte den Menschen das Geschenk der bedingungslosen Liebe. Ich werde vom Jesus geliebt, denn auch er hält eine Rose an sein Herz, wenn er den Menschen das Erkennen dessen bringt, daß alles Leben im Einklang mit dem Gesetz der bedingungslosen Liebe schwingt. Wenn sich die Menschheit dessen erst einmal bewußt ist, werden die meisten ihrer Probleme in die Bedeutungslosigkeit versinken. Ich bin Liebe, Majestät und Rechtschaffenheit. Ich bin Reinheit, und so kehren meine heilenden Eigenschaften in Euer Herz und Euer Blut ein, auf daß sie in Eurem ganzen Körper kreisen mögen.

MEDITATION

Schließen Sie die Augen und nehmen Sie in Ihrer Vorstellung eine Rosenknospe in die Hand. Beobachten Sie, wie sich ihre Blütenblätter langsam entfalten, bis Sie auf die völlig geöffnete Rose schauen. Werden Sie sich der Tatsache bewußt, daß Sie nun die Schönheit Ihres eigenen Herzzentrums betrachten – Ihres eigenen Heilungstempels der Reinheit und Liebe. Aller Ärger, alle Furcht und jeder Zorn schmelzen dahin, bis ein reines, goldenes Licht aus Ihrer Mitte in die Welt hinaus leuchtet. Diese Energie ist lebendig und pulsierend, denn „wie Du gibst, so sollst Du erhalten" stellt eine göttliche Wahrheit dar. Wann immer Ihre Gefühle der Heilung bedürfen, können Sie vor Ihrem inneren Auge die Rosenknospe erblühen lassen und sich in das Zentrum dieser Blüte begeben; dort werden Sie Trost und Linderung erfahren. Der Rose können Sie jeden inneren Schmerz anvertrauen; nach Beendigung Ihrer Meditation werden Sie von Freude und Zufriedenheit erfüllt sein.

VEILCHEN

*D*iese Blume steht mit dem Dritten Auge in Verbindung.

Ich bin dem Königreich der Feen und Engel heilig. Ich werde von den Engeln geliebt. Der Erzengel Michael verwendet mich, wenn er seine himmlischen Heerscharen in die Schlacht um die spirituelle Erleuchtung des Planeten Erde führt. Obwohl ich sehr zerbrechlich bin, repräsentiere ich die Stärke von Demut und Einfachheit, welche der Mensch auf seinen letzten Schritten auf der Reise zur Erleuchtung benötig. Erst wenn der Mensch diese Eigenschaften erlangt hat, wird er das Ziel seiner Reise zurück zum Herzen Gottes erreichen können. Wenn Ihr beim Betreten eines Raums, in einer Meditation oder im Traum meinen Duft riecht, so wisset, daß Euch ein Engel der Weisheit nahe ist. Er wird Euch Wissen bringen und Euch Euren Zweck in dieser Inkarnation bewußt machen. Ihr werdet zu erahnen beginnen, wie Ihr Euren Brüdern und Schwestern zu Diensten sein könnt, jenen, die ihre Arme für Euch in Mitleid und Verständnis öffnen.

MEDITATION

Schließen Sie Ihre Augen und begeben Sie sich in Ihrer Vorstellung in einen Frühlingswald. Schauen Sie sich um, und betrachten Sie die Schönheit der jungen Bäume, die sich in die langsam zum Vorschein kommenden Farben des neuen Lebens kleiden. Auf den grasbewachsenen Hängen finden sich zwischen den Stämmen Gruppen kleiner Veilchen, die ihre Köpfchen hoch empor recken, um die ersten Strahlen der aufgehenden goldenen Sonne zu erhaschen. Knien Sie nieder und nehmen Sie einige der Blüten in Ihre zum Kelch geformten Hände, um deren Duft tief einzuatmen. Halten Sie einen Moment inne und geben Sie sich Ihren Gedanken hin. Sie werden sich eines Gefühls der Neugeburt, des Beginns eines neuen Tages und einer neuen Morgendämmerung bewußt. Es ist immer ein Neuanfang möglich, wenn man ihn wirklich beginnen möchte; sei es für einzelne Dinge oder ganze Lebenseinstellung. Da ist eine Ahnung von Regentropfen und der Geruch reingewaschener Erde in der Luft. Nehmen Sie die Sie umgebende Reinheit tief in sich auf und spüren Sie, daß Sie alles richtig gemacht haben – so gut, wie es Ihnen eben möglich ist. Sie sind so rein wie der neue

Morgen, und nichts hält Sie davon ab, weiter voran zu gehen, in jede Richtung, die Sie nun wählen. Nach der behutsamen Rückkehr aus der Meditation fühlen Sie sich verwandelt und bereit, neue Herausforderungen zu akzeptieren.

Vielleicht haben Sie eine Veränderung in Ihrem Leben bedacht oder möchten einen Mitmenschen bei einer Kursänderung in eine neue Richtung behilflich sein. Sie wissen, daß alles möglich ist, wenn Ihr Herz für das Einfließen neuer Ideen offenbleibt.

Seien Sie wie das Veilchen, und leben Sie Ihr Leben in schlichtem Glauben und Vertrauen.

Ich hoffe, daß meine Leser an diesen Gesprächen mit dem die Bäume und Pflanzen bewohnenden Naturreich Vergnügen gefunden haben. Auf meinen Reisen in andere Länder stimme ich mich immer auf die Naturgeister dieser Länder ein. Ihre Botschaft ist stets sehr ähnlich und äußerst positiv. Sie bitten darum, daß die Menschheit ihr Herz für die bedingungslose Liebe und die Herrlichkeit ihrer eigenen Göttlichkeit öffnen möge. Sie sprechen von zukünftigen Zeiten, wenn die gesamte Schöpfung sich in Frieden und Gemeinsamkeit vereinigt haben wird.

Gehen Sie in die Wälder und Felder, und sprechen Sie mit diesen ätherischen Lichtwesen. Sie werden Ihre Freunde und Begleiter werden, denn in sehr naher Zukunft wird die Menschheit wieder gemeinsam mit diesen Devas und Bewohnern der Erde wandeln, arbeiten und spielen.

TEIL III

Die Naturgeister des Tierreiches

ENGEL DES LICHTS

Atmende Engel

Atme mit den Engeln, flüsterte eine Stimme in
Meiner Meditation.

Sie atmen alle großen Bäume ein und atmen des Waldes
rauschende Blätter aus.

Atme den kristallenen Bach ein –

Atme das sprudelnde Wasser aus.

Atme die Form der Inseln aus, die goldenen Strände.

Atme die Samen ein, die Zwiebeln des Frühlings.

Atme den Duft der Blumen aus.

Oh – atme den Traum des Göttlichen ein.

Atme die Wunder der Heilung aus.

Atme die Hoffnung der Welt ein.

Atme das Feuer der Wahrheit aus.

Komm – atme in deiner vollkommenen Gestalt.

Atme dein Engelwesen aus.

Atme Liebe aus,

Atme – atme einfach den Atem der Engel.

Stephanie Sorrell

DEVAS DES TIERREICHS

Ich konnte es kaum erwarten, diesen Teil meines Buchs zu schreiben, denn ich empfinde große Liebe für das Reich der Tiere. Sie sind meine Achillesferse. Ich kann keine Art von Grausamkeit gegenüber diesen Geschöpfen ertragen, und es fällt mir schwer, den Geschichten von Folter und Mißbrauch im Fernsehen zu lauschen, obwohl ich weiß, daß ich dies tun muß, um zu wissen, wohin ich Mitgefühl und heilendes Licht senden soll.

Meine Hingabe an diese Ebene hat es mir ermöglicht, der Gruppe von Geistern oder Devas, die über jede Art von Säugetier, Vogel und Fisch wachen, sehr nahe zu kommen. Obwohl jedes Geschöpf auch eine Gruppenseele hat, entwickeln viele der domestizierten Tiere mittlerweile recht schnell die Herrlichkeit einer Einzelseele. Sie klettern die Leiter der Evolution sehr rasch hinauf.

Ich hatte viele interessante Begegnungen mit den Devas, die das Reich der Tiere umgeben. Ich habe entdeckt, daß es keine Notwendigkeit dafür gibt, Gifte oder Chemikalien einzusetzen, wenn eine bestimmte Art zum Ärgernis wird. Wenn Sie zum Beispiel von Ameisen oder Mäusen geplagt werden, stimmen Sie sich einfach auf jene Deva ein, welche die Wächterin dieser Gruppe ist, und bitten Sie um die Entfernung der Tiere aus Ihrer Umgebung. Erklären Sie, daß Sie niemandem Schaden zufügen möchten, doch da die Tiere Ihnen Kummer bereiten, besteht die Notwendigkeit ihrer „Abreise". Es ist immer hilfreich, einen anderen Ort vorzuschlagen, an welchem sie sich niederlassen können. Die Deva ist immer glücklich, wenn sie zu Diensten sein kann und wird auf jeden Fall äußerst erfreut darüber sein, daß ihren Schützlingen kein Schaden zugefügt wurde.

Ich war letztes Jahr in Holland und wurde dort gefragt, ob ich versuchen könne, einige Maulwürfe zu entfernen, welche den Raum unter einer Terrasse bezogen hatten, die erst kürzlich vor einer Häuserreihe errichtet worden war. Als ich ankam, befanden sich die Maulwurfsfallen bereits an Ort und Stelle, und die ganze Gegend sah aus wie eine Szene aus einem Katastrophenfilm. Man hatte die Platten, mit welchen der Terrassenboden ausgelegt war, abgetragen, und überall befanden sich Erdhaufen. Die Maulwürfe amüsierten sich prächtig; sie wühlten und gruben ihre Tunnel inmitten all dieser wunderschönen Gärten. Ich muß gestehen, daß ich mir beim Anblick dieser Verunstaltungen nicht mehr sicher war, wirklich von Hilfe sein zu können. Nachdem man die Fallen auf meine Bitte hin entfernt hatte, setzte ich mich auf die Terrasse – umgeben von einigen sehr neugierigen Kindern – und stimmte mich auf die Deva der Maulwürfe ein. Vor meinem inneren Auge sah ich ein sehr großes Lichtwesen mit dem Kopf und den Gesichtszügen eines Maulwurfes sowie Pfoten und langen Klauen. Dies entspricht dem Bild, das ich üblicherweise bei der Meditation mit einer Tierdeva wahrnehme – die Merkmale des Geschöpfes, welche sich auf vollkommene Weise mit der Gestalt des Engels verbinden. Ich erklärte das Problem und den Kummer, welchen die Maulwürfe verursachten, und bat um ihre Umsiedelung auf ein Stück Brachland, das sich auf der anderen Straßenseite befand.

Ich kehrte nach England zurück und war sehr erfreut, ein Fax zu erhalten, in welchem man mir mitteilte, daß die Maulwürfe die Gärten geräumt hatten. Einige Wochen später erreichte mich allerdings eine weitere Nachricht mit den Worten: „Bitte versuche es noch einmal, zwei Maulwürfe sind zurückgekommen". Ich stimmte mich erneut auf die Deva ein und hörte zu meiner großen Freude, daß die Maulwürfe vollständig verschwunden und meines Wissens auch nicht mehr zurückgekehrt sind. Ich kann nur jeden, der dieses Buch liest bitten, dies selbst einmal zu versuchen. Es wird dem Reich der Tiere nicht nur Schmerzen ersparen, sondern bringt auch eine neue Wahrnehmung und ein neues Verständnis für die Naturgeister mit sich, welche die gesamte universale Schöpfung bewohnen.

Das erste, was ich in der Verbindung mit dem Reich der Tiere entdeckte war, daß die Eigenschaften dieser Geschöpfe in engem Zusammenhang zu jenen der heiligen Zentren des Menschen und des Planeten stehen. Durch die Annäherung an die Tiere und ihre jeweiligen Gruppendevas kann die Menschheit an deren Stärke und Fähigkeiten teilhaben. Viele der alten Stämme waren sich dieser Tatsache bewußt, opferten die armen Tiere jedoch unglücklicherweise, um deren Kraft in sich aufnehmen zu können. Mittlerweile haben wir jedoch hoffentlich ein Stadium erreicht, wo wir denselben Vorgang nicht mehr auf physische Weise durchführen müssen, sondern ihn auf geistige Art vollziehen können. Wenn wir meditieren und die Liebe unseres

Herzens hinaussenden, können wir die Stärke eines bestimmten Tieres widerspiegeln und auf diese Weise auch die Entwicklung unseres eigenen Selbst unterstützen.

Es macht mich sehr demütig, daß mir erlaubt wurde, einen winzigen Blick auf die Herrlichkeit der Tierdevas zu werfen. Aufgrund meiner innigen Hingabe an das Reich der Tiere haben diese großen Devas mir ermöglicht, mit den Tieren in Verbindung zu treten und einige ihrer Gefühle und Gedanken zu teilen. Erneut möchte ich betonen, daß an diesen Fähigkeiten nichts Besonderes ist. Jeder kann dies tun. Sie müssen nur mit der Liebe Ihres Herzens hinausreichen, um eine Verbindung zu den Devas dieses prachtvollen Reichs herzustellen.

Ich war kürzlich in den Niederlanden und wurde von zwei guten Freunden zu einem Waldspaziergang abgeholt. Sie kamen sehr bekümmert zu mir, da sie gerade einen toten Vogel auf der Straße hatten liegen sehen. Dessen Gefährte schien sehr aufgeregt und sprang neben dem kleinen Körper auf und nieder. Meine Freunde fragten mich, ob ich mich an den Ort des Geschehens begeben und den Kummer des Tieres zu lindern versuchen könne. Ich stimmte bereitwillig zu, und wir gingen zu jenem Platz zurück, an dem der tote Vogel lag. Mittlerweile hatten sich weitere seiner Freunde auf einem nahegelegenen Dachfirst angesammelt, wo sie zwitscherten und mit den Flügeln schlugen. Ich stimmte mich auf diese Vogelversammlung ein und fragte, ob ich irgendwie von Hilfe sein könne.

In meinem Geist dankten sie mir für meine Anteilnahme, und erklärten, daß sie auf die Ankunft der Gruppendeva warteten, der die Seele des toten Artgenossen zu seiner weiteren Entwicklung aufnehmen würde. Ich beobachtete, daß sie so lange blieben, bis genau dies geschehen war und dann fortflogen. Sie hatten einem Teil ihrer selbst, der nun in den großen Geist ihrer Art eingegangen war, die letzte Ehre erwiesen. Dies mag jenen Lesern helfen, die wie auch ich großen Kummer fühlen, wenn sie einen Vogel oder ein anderes Tier tot an der Seite einer Straße liegen sehen.

Ich erhalte regelmäßig Anrufe von verstörten Menschen, deren tierische Freunde vermißt werden. Katzen unternehmen lange Wanderungen und gehen dabei oft verloren. Ich verwende eine bestimmte Methode, um sie heimzuholen: Ich visualisiere eine silberne Schnur, die den Besitzer mit seinem Tier verbindet. Ich schließe meine Augen, stimme mich auf die entsprechende Deva ein und bitte um ihre Hilfe. Dann stelle ich mir vor, wie sich die Schnur spannt und das verlorengegangene Tier langsam wieder zu seinem Besitzer zurückgezogen wird. Üblicherweise ruft mich der Besitzer des Tieres binnen weniger Stunden an, um mir mitzuteilen, daß sein Freund heil und gesund Zuhause angekommen ist.

Als Kanal für Heilungsenergien stellt die Arbeit mit Tieren eine meiner größten Freuden dar. Ich leite eine Fernheilungsgruppe für kranke Tiere. Oft teilen sie mir mit, wo sich die schmerzende Stelle befindet und was das Problem verursacht hat. Wenn sie sehr krank oder auch sehr alt sind, drücken sie oft den Wunsch aus, friedlich hinübergehen zu dürfen. Ich kann voll und ganz verstehen, wie schwierig dies für den Besitzer des geliebten Tieres sein kann. Es kommt jedoch eine Zeit, wo wir die Bedürfnisse des Tieres über unsere eigenen Gefühle zu stellen haben. Nachdem es hinüber gegangen ist, wird unser geliebter Freund voller Freude über die Felder und Gärten der inneren Ebenen laufen, und des Nachts können wir in glücklicher Freundschaft zu ihnen gehen. Für sie kann unsere Nacht hellster Tag sein. Unser geschätzter Begleiter ist nicht tot, sondern lebt in der geistigen Welt. Wir können niemals von jenen, die wir lieben, getrennt werden – seien diese tierisch oder menschlich.

Ich werde oft von den Besitzern verstorbener Haustiere gefragt, ob ich sehen kann, wo in den geistigen Reichen sich ihr ehemaliger Begleiter befindet und kann immer versichern, daß das Tier glücklich und zufrieden ist. In meinem Buch „A Healer's Journey into Light" beschrieb ich einen ganz speziellen Himmel, in dem alle Tiere geliebt werden und man für sie sorgt. Dort gibt es Gras, Bäume und Blumen, und es herrscht vollkommene Harmonie. Im Lichte dieses Reiches liegt das Lamm wahrhaftig neben dem Löwen.

In diesem Buch sprach ich auch davon, wie empfänglich Tiere für Heilungen sind. Anders als wir Menschen sind sie unfähig, irgendwelche Blockaden oder Barrieren zu errichten. Ich bitte immer um die Unterstützung unseres Schöpfers, der Engel der Hei-

79

lung und der entsprechenden Gruppendeva. Jeder, der Tiere liebt, kann dies tun. Allein schon das Auflegen einer Hand und das sanfte Streicheln des Fells des Tieres kann dem kleinen Körper Heilung bringen. Wenn ich ein Tier besuche und an der Haustür klingel, begrüßt es mich oft schon am Fuße der Treppe und führt mich frohlockend an den Platz, an welchem ich die Heilung durchführe.

Wir alle können die Tierdevas unterstützen, indem wir unsere Liebe quer über den Planeten überall dorthin senden, wo ihr Reich leidet. Was könnte größere Freude bringen, als den Schmerz dieser Ebene zu lindern, dem die Menschheit durch ihre Gleichgültigkeit solche Qualen bereitet hat? Ich habe wie folgt jedem der sieben Hauptchakren einige Geschöpfe zugeordnet:

WURZELCHAKRA	Stier, Bär und Drache
SAKRALCHAKRA	Fisch, Wolf und Biene
SOLAR PLEXUS CHAKRA	Löwe, Katze und Hund
HERZCHAKRA	Antilope, Schwan und Taube
KEHLKOPFCHAKRA	Elefant, Eule und Pferd
STIRNCHAKRA	Delphin und Einhorn
KRONENCHAKRA	Schlange und Adler

DAS WURZELCHAKRA

DER STIER

Ich bin für meine Kraft und Vitalität wohlbekannt. Ich stehe mit der Energie der Eiche in Verbindung und wurde in alten Zeiten aufgrund meiner Stärke und Robustheit verehrt. Ich begleite die Menschheit in der einen oder anderen Form. Seit Ihr den ersten Schritt auf dieser Erde getan habt, bin ich mit Euch durch viele alte Zivilisationen gereist. Ich habe den Mut, den Kräften der Natur zu widerstehen, denn ich erinnere mich an die Erdbeben, Feuer und Stürme jener Zeit, als sich Eure Welt noch abkühlte. Ich bin das Erwachen der Macht in Eurem Wurzelchakra. Als Ihr Eure ersten unsicheren Schritte auf dem Weg des Lichts tatet, repräsentierte ich das Opfer. Ich werde entsprechend meiner Männlichkeit und Stärke als Wohltäter der Schöpfung dargestellt. Beim ersten Hervortreten des heiligen Feuers aus der Sicherheit des Wurzelchakras schon kann ich brüllen und mit meinen Hufen stampfen, denn das Wurzelchakra liegt inmitten der Erde zu Füßen der Menschen. Ich wandere durch das reiche Weideland, über die Erde und durch das saftige Gras Eures Planeten. Auf diese Weise bin ich eins mit dem Erdboden. Wenn Ihr, die Ihr Menschen seid, Schwierigkeiten damit habt, mit beiden Beinen fest auf der Erde zu stehen, dann wisset, daß ich das Symbol für gesunden Menschenverstand und Stabilität bin.

Die Zeit kommt jedoch rasch näher, zu der ich auf Eurem Planeten nicht länger inkarnieren werde, denn die Menschheit begreift endlich, daß es keine Notwendigkeit zum Verzehr von Fleisch gibt. Ihr und Eure Welt schreitet in der Entwicklung Eures Bewußtseins stetig voran, und meine Art wird ihren Zweck erfüllt haben. Wir werden zu unserem Gruppengeist zurückkehren, um die nächste Drehung des Rades der Evolution zu erwarten.

DER BÄR

*A*uch ich repräsentiere die Macht. Ich laufe auf vier Beinen, doch ich bin ebenso glücklich, auf zweien einher zu schreiten. Dies symbolisiert den Menschen, der das krabbelnde Stadium des Säuglings verläßt, um die Gestalt des Erwachsenen zu entwickeln. Ich stehe für die sich verändernden Strukturen des Lebens und kann Euch helfen, Euch an die Strahlen des höheren Lichts, welches sich nun über Mutter Erde ergießt, anzupassen. Ich repräsentiere auch in Eurer Erinnerung schlafende spirituelle Fähigkeiten und kann Euch dabei helfen, diese für die Herrlichkeit Eurer kommenden Wandlung zu erwecken. Ich bin sehr verspielt und tanze im Frühlingssonnenschein herum oder reibe meinen Rücken an meinem Lieblingsbaum. Ich wünschte, die Menschheit würde lernen, sich am reinen Glück des Lebendigseins hier auf diesem wunderschönen Planeten zu erfreuen. Wie der Stier werde auch ich bald von Eurem Grasland verschwinden. Wir werden als gesamte Art zu unserer Gruppenseele zurückkehren. Dort werden wir warten, bis sich eine neue Gelegenheit zum Übergang in eine andere Form auf diesem oder einem anderen Planeten des Universums ergibt. Wir werden eine Art Winterschlaf halten, wobei unser Bewußtsein dem Euren während der Traumzeit ähnelt. Unsere Lektion auf dieser Erde war, unsere Macht mit Sanftheit zu nutzen und mit weichen Pfoten auf dem Angesicht von Mutter Erde zu wandeln. Dies haben wir erreicht, denn wir werden ein anderes Geschöpf nur dann angreifen, wenn es uns herausfordert oder gefährdet.

DER DRACHE

Ihr mögt mich als Legende betrachten, doch es gab eine Zeit, die lange, lange her ist, als wir Euer Land bewohnten. Es war ein Zeitalter, in dem der Mensch in Begleitung der Engel über die Erde wandelte. Wir durchschritten Wälder und Berge von urzeitlicher Pracht. Die Naturmächte der Erde, der Luft, des Feuers und des Wassers waren unsere Begleiter. Aus meinem Mund strömt feuriger Atem, und mein Gebrüll gleicht jenem eines explodierenden Vulkans. Ich repräsentiere das Erwachen der Kundalini-Energie, die den Weg die Wirbelsäule entlang zur vollständigen Erleuchtung nimmt, sobald sie einmal gänzlich erweckt worden ist.

Ich stehe auch für Luxus und Reichtum. Ich bin der Begleiter des Alchimisten, der Grundmetalle in Gold zu verwanden versucht. Ich bin der Wächter der Schätze und sitze vielerorts auf der Welt am Eingang von Stätten, in welchen Manuskripte mit uralter Weisheit verborgen liegen. Auch diese Schriften werden eines Tages wieder in das Licht der Sonne kommen.

MEDITATION

Schließen Sie die Augen und stellen Sie sich vor, wie Sie in einem wunderschönen Tal auf dem grünen Grasteppich einer von Butterblumen übersäten Wiese wandeln und direkt auf einen prachtvollen weißen Stier zugehen. Haben Sie keine Angst, er wird Ihnen keinen Schaden zufügen. Mit jedem Schritt, den Sie dem Stier entgegen gehen, erfüllt sich Ihr Herz mehr mit unendlicher Liebe für diese wundervolle Kreatur. Vielleicht streicheln Sie seinen Nacken und seinen Kopf sanft und freundlich, wenn Sie bei ihm angekommen sind. Seine weiße Gestalt zeigt die Reinheit seiner Kraft an, weshalb er Sie nie verletzen würde. Er wendet sich nun vorsichtig von Ihnen ab und führt Sie über die Wiese hinweg an den Rand des Tales zu einer kleinen Höhle, vor der ein zottiger brauner Bär liegt. Auch ihm können Sie sich ohne Furcht nähern Der Bär beschnüffelt Sie und erlaubt Ihnen, sein dichtes Fell zu streicheln. Er rollt sich auf den Rücken und streckt die Pfoten in die Luft. Verbringen Sie ein wenig Zeit mit diesen Tieren und den sie umgebenden Devas, und hören Sie, was man Ihnen zu sagen hat.

Beim Verlassen der Höhle sehen Sie in der Ferne die Gestalt eines herrlichen, hochaufragenden Drachen, dessen flammender Atem wie ein heiliges Banner durch die Luft strömt. Auch hier droht Ihnen keine Gefahr, weshalb Sie sich ihm nähern können, falls Sie dies möchten. Doch wenn es nicht der richtige Augenblick ist, erkennen Sie seine Gegenwart einfach an. Er wird gerne in Ihre Meditationen eintreten, wenn Sie bereit dafür sind; lassen Sie dann einfach geschehen, was kommt und lassen Sie sich von seiner Weisheit führen. Solange Sie allen Wesen, welchen Sie auf den inneren Ebenen der Meditation antreffen, mit Liebe und Achtung begegnen und auf Ihre Gefühle hören, kann Ihnen nichts geschehen.

DAS SAKRALCHAKRA

DER FISCH

Wir schwimmen im Wasser, jenem Element, welches in enger Verbindung zum Sakralchakra des Menschen steht. Wir vermehren uns, indem wir in Tümpeln und auf Meeresbänken laichen. Der im nächtlichen Himmel leuchtende Mond hat großen Einfluß auf unser Paarungsverhalten. Wegen der Verschmutzung unserer Flüsse und Seen haben wir damit begonnen, unsere Körper rasch zu verändern, damit unsere Art überleben kann. Auch die Menschheit wird sehr bald durch eine Verwandlung gehen, die ihre sexuellen Energien verwandelt. Diese geheiligte Kraft wird dann zur Erleuchtung und Entwicklung geistiger Gaben eingesetzt werden können. Der Mensch wird ebenso vom Gesetz des Kreislaufs erfahren, wie auch wir Fische uns auf die Macht der Gezeiten verlassen. Auf diese Weise wird seine Zeugung zu einem natürlichen Akt der Liebe anstelle eines Geschehens, welches sich aus niederen Gefühlen heraus ereignet. Um das Überleben unserer Art si-

83

cherzustellen, legen wir große Mengen an Eiern, von denen nur wenige jemals zur Reife gelangen. Auch viele Eurer Art haben einen harten Überlebenskampf erfahren, und aufgrund dieser Übereinstimmung sind wir gut dafür geeignet, dem Menschen zur Überwindung seines Lebenskampfes Stärke und Bestimmtheit einzuflößen. Oft schwimmen wir sehr dicht beieinander, in sogenannten Schulen. Auch die Menschheit wird in Zukunft diese Methode übernehmen, indem jeder mit seinen Brüdern lebt und all seine Gedanken und Besitztümer mit ihnen teilt. Die Wasser des Lebens fließen durch Eure Adern und lassen auf diese Weise spirituelle Energien in Eurem Körper kreisen – Energien, die Ihr auf Eurem Weg in das Zeitalter der Rücksichtnahme und Friedfertigkeit benötigen werdet.

DER WOLF

Obwohl man uns immer wieder als furchteinflößend und bedrohlich darstellt, sind wir in Wahrheit doch hilfsbereit und voller Anteilnahme. Wir leben und jagen im Rudel und haben einen wunderbaren Instinkt für das Gemeinschaftsleben.

Der Mond und seine Zyklen beeinflussen unsere Gefühle, deshalb seht Ihr uns oft den Mond anbellend dargestellt. Auf gleiche Weise hebt der Mensch seinen Kopf und heult seinen Schmerz und seine Wut hinaus, wenn seine sexuelle Energie unausgeglichen ist und er von seiner niederen Natur beherrscht wird, anstatt auf seinen höheren Geist zu hören.

Schon immer waren die Legenden über uns reich an Erzählungen von unserer Fähigkeit, die Gestalt zu wandeln und halb Mensch, halb Tier zu werden. Daher stammt die Legende vom Werwolf. Wieder deutet dies auf den Kampf des Menschen hin, das Verlangen seiner niederen Chakren zu überwinden. Er plagt und müht sich; manchmal gewinnt das Tier die Oberhand, in anderen Momenten kommt sein höheres Bewußtsein ins Spiel. Wir können Euch lehren, wie Ihr Eure niedere Natur in Mitgefühl und Fürsorge verwandeln könnt, indem Ihr Eure natürliche Weisheit mit Euren Mitmenschen teilt.

DIE BIENEN

Wir sind eines der Geschenke, die der Menschheit zu Beginn der Schöpfung gegeben wurden. Mit dem süßen Geschmack unseres Honigs bringen wir den Menschen Nahrung, welche das Ergebnis der angestrengten Bemühungen unserer Arbeiterinnen ist. Wenn Ihr unsere Bienenkörbe betrachtet, werdet Ihr Ordnung, Loyalität und Produktivität finden. Wenn Ihr unsere Lebensweise studiert, werdet Ihr erkennen, daß nichts zufällig geschieht; alles ist in der Weisheit des großen Architekten bewahrt, den Ihr als Gott kennt. Wir symbolisieren jedes Tun in einem Universum, dessen Gesetze immer genau und diszipliniert sind. Unsere Bienenkönigin steht für Eure Mutter Erde, auf deren Oberfläche die Menschheit daran arbeiten sollte, eine Zukunft frei von Hunger und Not zu erschaffen.

MEDITATION

Stellen Sie sich nach einigen tiefen, aber gelassenen Atemzügen vor, in den sanften Wassern eines ruhigen Flusses zu schwimmen. Das Sie umgebende Wasser ist klar und angenehm kühl. An Ihrer Seite sind viele Fische unterschiedlichster Form und Farbe, einzelne Exemplare und auch ganze Schulen, welche sich wie ein einziger Körper bewegen. Nehmen Sie an deren Tanz des Lebens teil und sehen Sie, wie sich die Tiere in den sonnenbeschienen Fluten schimmernd drehen. Klettern Sie nach einer Weile aus dem Fluß ans grasbewachsene Ufer, um sich dort genüßlich auszustrecken und Ihre Haut in der Sommersonne trocknen zu lassen.

Sie bemerken, daß sich eine Wölfin zu Ihnen gesellt hat. Haben Sie keine Angst vor ihr, denn das Tier ist Ihnen wohlgesonnen und hat sogar seine Welpen gebracht, damit Sie einen Moment lang auf sie achten können. Die Wölfin legt ihren Kopf in Ihren Schoß, und gemeinsam beobachten Sie die Spiele der Sprößlinge. Die Kleinen jagen einander im Spiel umher; Ihr Herz erfreut sich an dieser seligen Unschuld. Plötzlich erkennen Sie, welch wundervolle Welt uns umgibt. Nach einiger Zeit verschwindet die Wölfin mit ihren Jungen; Sie aber bleiben zurück und lauschen dem Summen der Bienen, die irgendwo unter den Wurzeln eines nahen Baums ein- und ausfliegen. Sie bemerken, wie eine Traube dieser Tiere eng aneinander gedrängt auf Sie zu-

85

fliegt. Als die Bienen näher kommen, sehen Sie, warum: Die Arbeiterinnen bringen Ihnen eine Honigwabe aus ihrem Bienenstock. Bedanken Sie sich für diese Gabe, und seien Sie sich der Schönheit der Schöpfung und ihrer Gesetze der vollkommenen Ordnung bewußt, wenn Sie den süßen Nektar genießen. Nur der Mensch mißachtet diese Regeln, doch bald wird sich auch das ändern. Im vor uns liegenden goldenen Zeitalter wird es für alle Geschöpfe Frieden und Harmonie geben.

DAS SOLAR PLEXUS CHAKRA

DER LÖWE

Ich bin der Herold der Stärke und des Muts. Ich werde oft neben einem Lamm liegend dargestellt, wodurch ich zum Symbol für den Frieden werde. Der Grund dafür ist, daß ich trotz meiner rauhen Schale und dem Gebrüll, mit dem ich mein Mißfallen äußere, im Inneren sanft und beschwichtigend sein kann. Standhaft beherrsche ich meine Gefühle. Ich werde mit der Sonne in Verbindung gebracht. Bei vielen alten Stämmen galt es als Zeichen der Männlichkeit, mich mit dem Speer zu jagen und zu töten. Unglücklicherweise wird dies in einigen Teilen der Welt noch heute getan, doch wir werden niemals aussterben und die Menschheit verlassen, sondern den langen Weg zur Erleuchtung gemeinsam mit Euch gehen. Wenn der Mensch die Kontrolle über seine Gefühle erlangt hat, wird dies auch dem Löwen gelungen sein. In ferner Zukunft werden wir gemeinsam wandern, Mensch und Tier, und uns für das Einfließen bedingungsloser Liebe öffnen.

DIE KATZE

Wir sind in Ägypten angebetet und verehrt worden, doch im Mittelalter hat man uns gefoltert und geschmäht. Wir bewachen die Tore zu den anderen Existenzebenen und können unseren Besitzern die Erfahrungen früherer wie auch zukünftiger Inkarnationen bringen. Wir werden Euch auch bei den Proben und Prüfungen unterstützen, die Ihr auf dem Weg zu den Toren der Einweihung bestehen müßt. Wir werden von der Notwendigkeit leidenschaftslosen Mitleids beherrscht, gestärkt von bedingungsloser

Liebe – beides wichtige Eigenschaften, wenn die Zeit der Einweihung näher rückt. Wir bringen Eurem Körper Frieden und Harmonie. In vielen längst vergangenen Zivilisationen waren wir an Eurer Seite. Wir haben gewählt, zusammen mit Euch den Weg zu gehen, der uns alle in eine goldene Zukunft führen wird.

DER HUND

*W*ir repräsentieren Glaube, Vertrauen, Loyalität, Kameradschaft und nimmer endende Dienstbereitschaft. Wir sind der Menschheit beim Verständnis vollkommener Hingabe behilflich. Wenn der Mensch jenen Teil seiner Entwicklung beginnt, der dem Weg vom Nabelchakra zum Herzchakra entspricht, werden diese Eigenschaften sehr wichtig sein. Wir sind Euch nur zu gerne zu Diensten, indem wir zum Beispiel behinderte Menschen unterstützen. Auf diese Weise entwickeln wir uns an der Seite der Menschheit weiter. Doch leitet uns auf keinen Fall zur Aggressivität an, denn dies behindert sowohl unser als auch Euer Fortschreiten. Wir spiegeln jene Gefühle wider, die Ihr zu uns sendet. Wir trauern, wenn Ihr schwermütig seid, und wir erleben Freude, wenn Ihr glücklich seid. Alle Tiere verfügen über telepathische Fähigkeiten und können Eure Gedanken, seien diese nun gut oder schlecht, fühlen. Weint nicht, wenn wir sterben, sondern seid Euch bewußt, daß unsere Energie noch immer bei Euch ist – und der nächste Welpe könnte unseren Geist enthalten.

MEDITATION

Gibt es in Ihrem Leben eine Situation, in der Sie dringend durch Liebe verstärkten Mut brauchen? Stellen Sie sich das Problem in der Meditation vor, und bringen Sie dann das Bild eines Löwen vor Ihr inneres Auge. Denken Sie über dieses Bild einen Augenblick nach, und beziehen Sie Kraft aus seiner Anwesenheit. Das Problem, das Sie mit in die Meditation gebracht haben, wird sich nun als weniger schwierig darstellen und Sie werden feststellen, daß Sie plötzlich über den notwendigen Mut wie auch die Energie und Zuversicht verfügen, welche Sie benötigen, um die problematische Situation zum Besseren zu wenden. Wenn Sie Ihre Energiereserven aufgezehrt haben und sich erschöpft fühlen, können Sie auch das Bild einer Katze in Ihrer Meditation entstehen lassen. Sie werden bald fühlen, wie Ruhe und Frieden in Sie einkehren und Sie von neuer Kraft erfüllt sind.

Bringen Sie nun eine Situation vor Ihr inneres Auge, die Loyalität und Freundschaft erfordert. Das Bild eines Hundes wird Ihnen helfen, eine Lösung zu finden. Vielleicht wird sich das Tier mit Ihnen unterhalten und Sie auf den nächsten notwendigen Schritt oder andere hilfreiche Maßnahmen hinweisen, eventuell werden Sie spüren, wie die benötigte Energie in Sie einkehrt. Danken Sie den Engeln dieser Tiere für ihre Liebe und Unterstützung, und kehren Sie von Freude erfüllt in Ihr Alltagsbewußtsein zurück.

DAS HERZCHAKRA

DIE ANTILOPE

Ich stehe für die ersten Regungen des Herzens, wenn es das sanfte Sehnen nach Liebe und Zärtlichkeit zu erfahren beginnt. Vielleicht fühlen Sie sich wie eine Antilope, scheu und leicht zurückgezogen, wenn Sie mit der in das Herzchakra einströmenden Empfindsamkeit in Berührung kommen und damit umzugehen lernen. Wir haben leichte und schnelle Füße, denn wir werden nicht vom Gewicht Eurer Vorurteile und Glaubenssätze zu Boden gedrückt. Heutzutage kann sich die Menschheit schnell und leicht über die ganze Erdoberfläche bewegen, und kein Teil des Planeten ist ihr verboten. Bald werdet Ihr erkennen, daß wir alle eins sind, vereint durch die Kraft des Herzens und die Stärke der Weisheit, die aus den Reichen des Lichts zu uns fließt. Wir verkörpern aber auch die Möglichkeit der Wahl. Es liegt bei Euch, ob Ihr akzeptieren wollt, was Euer Herz und Euer höherer Geist Euch mitteilen, oder ob Ihr Euch in Eurem selbstgeschaffenen Gefängnis der Zurückweisung und Zurückgezogenheit verstecken wollt.

DER SCHWAN

Wenn ich über die ruhigen Wasser eines friedeausstrahlenden Sees gleite, werde ich werde oft als gelassen und abgeklärt beschrieben. In Euren alten Legenden stelle ich die Transformation dar, denn ich bin in der Tat ein Wahrzeichen der Erneuerung des Menschen durch die Erweckung seines Herzchakras. Wahre Liebe überwindet jedes Unglück. Wir, die Schwäne, bilden Paare für ein ganzes Leben und werden so zum Bild für Treue in der Partnerschaft. In spirituellen Begriffen geben wir die Begierden unseres niederen Selbst auf und gehen ein in die Herrlichkeit unseres höheren Bewußtseins.

Man sagt, der Gesang eines sterbenden Schwans sei dem traurigen Klang der himmlischen Harfen gleich. Unser Schwanenlied beklagt all das Leid der Schöpfung auf Erden, doch eines Tages, wenn alle Bewohner der Erde mit ihrem Herzen eins geworden sind, wird es zu einer Melodie der Freude werden."

DIE TAUBE

Ich bin das Wahrzeichen der Liebe, des Friedens und der Harmonie – all jener Eigenschaften, die zur Öffnung des Herzens benötigt werden. Alle, die auf dem Pfad des Lichts wandeln, geben nur zu gern ihr niederes Selbst auf, um mit ihrem Herzen eins zu werden. Nur auf diese Weise kann die Menschheit lernen, ohne Kritik zu leben und den Mitmenschen als Teil des eigenen Selbst anzunehmen. Bei Noah war ich nach der Flut der erste Vogel, der trockenes Land erblickte. Als Atlantis in den Fluten versank, wurde die in seinen letzten Tagen herrschende Negativität von den reinigenden Wassern in einen neuen Anfang verwandelt. Ich, bin das Symbol einer neuen Unschuld, Einfachheit und Reinheit.
Ich bin ein Bote der göttlichen Liebe, und in den kommenden Jahren wird die Menschheit erkennen, warum ich als Wahrzeichen aller Nationen diene, die Freundschaft und eine Veränderung zum Positiven zu erreichen suchen.

MEDITATION

Entspannen Sie sich, schließen Sie die Augen und stellen Sie sich vor, wie Sie hoch über der Erde schweben. Sehen Sie mit Ihrem inneren Auge die Felder, Wälder und Wiesen. Sie bemerken einige riesige Antilopenherden, springend über den Boden jagen und dabei ständig mehr und mehr werden, bis sie schließlich die gesamte Oberfläche unseres Planeten bedecken. Ihre Hufe schlagen ein Lied der Liebe, welches von einer Schar weißer Tauben aufgenommen wird, die hoch im Himmel fliegen. Sie schweben in die Wolken hinein und umrunden die Erde, bis es keinen Ort im Luftraum mehr gibt, an dem sie noch nicht gewesen wären. Während ihres Fluges erfüllen sie die ganze Atmosphäre mit Liebe und vertreiben so alle negativen Gedanken. Stellen Sie sich schließlich vor, wie weiße Schwäne lautlos über jeden See und jeden Fluß der Erde gleiten, bis sie alle Gewässer der Erde bedecken. In ihrem Kielwasser führen sie Frieden und Harmonie mit sich, welche den gesamten Planeten durchtränken. Spüren Sie die Kraft, die in diesen Bildern steckt, und lassen Sie diese Energie stärker und stärker werden, bis Sie sie schließlich gegen Ende Ihrer Meditation über den ganzen Planeten ergießen. Auf diese Weise bewirken Sie jedes Mal positive Gedanken für die Erde.

DAS KEHLKOPFCHAKRA

DER ELEFANT

Wenn der Mensch zur Weisheit des Geistes erwacht, wird er die Bedeutung der Unendlichkeit erkennen. Wir haben uns aus großen Säugetieren entwickelt, die unseren Planeten vor Millionen von Jahren beherrschten. Wir haben schon immer auf Erden existiert – lange, bevor unsere physischen Körper ein festes Skelett entwickelten. Wir sind gemächlich von Pol zu Pol über Eure Welt gewandert. Man sagt, daß wir niemals vergessen, und so bewahren wir in unserem Geist die Erinnerungen der Natur. Alles, was jemals auf Eurem Planeten geschehen ist, haben wir gesehen und aufgenommen.

Ihr achtet unsere Größe, und doch könnten wir Euch lehren, sanft und demütig zu sein. Wir tyrannisieren und unterdrücken andere Tiere nicht, warum also strebt Ihr danach, andere Nationen zu unterwerfen? Benutzt Eure Stimmen, um Euren Wunsch nach Freiheit auszudrücken. Seid wie wir, die wir unsere Rüssel erheben, um unser Mißfallen bezüglich der Grausamkeit, Armut und Entwürdigung auf dieser Erde hinauszubrüllen.

Wir bewegen uns in Familiengruppen umher, die ihre Nahrung, Loyalität und Liebe miteinander teilen. Wenn Ihr unsere Eigenschaften betrachtet, werdet Ihr ein gutes Bild für die künftigen gol-

denen Jahre erhalten. Wir arbeiten aus Liebe mit Euch, doch mißbraucht uns nicht zum Ausführen von Zirkustricks. Wir sind Euer Blick in die Zukunft und sollten für unsere Weisheit und unsere spirituelle Intelligenz geachtet werden.

DIE EULE

*W*ir stehen für jene Veränderung, welche sich im Geist des Menschen vollziehen wird, wenn er schließlich mit der Energie seines Kehlkopfchakras eins wird. Man betrachtet uns als weise, und so werden wir Euch dabei helfen, zum Nutzen Eurer Erde mit dieser uralten Weisheit in Verbindung zu treten.

Wir sind die Bewohner der Nacht und arbeiten mit dem Mond zusammen, um Euch Träume von der Zukunft zu bringen. Manchmal handeln diese Visionen von anderen Planeten in anderen Teilen des Universums. Wir begreifen den Kreislauf von Leben und Tod von einer anderen Bewußtseinsebene aus. Wir werden Euch dabei unterstützen in die höheren Sphären des Lichts einzutreten. Wir bringen Euch das Wissen um Euer höheres Selbst; mit diesem Bewußtsein geht auch eine deutlichere Wahrnehmung des Wegs zur Erleuchtung einher. Wir werden unsere Flügel ausbreiten und Euch durch den Wald Eurer wirren Gedanken zu klarerer Wahrnehmung des Euch umgebenden Universums führen. So warten wir auf die Zeit, da Ihr die Augen öffnet und sehen werdet.

DAS PFERD

*I*ch bin geistige Stärke und werde oft als Lasttier dargestellt. Ich helfe Euch, Eure Last zu tragen, bis Ihr bereit seid, deren wahren Ursprung zu erkennen und die Ernte der von Euch gelernten Lektionen einzubringen. Wir gestatten Euch, auf unserem Rücken zu reiten, damit Ihr die Freuden der Unabhängigkeit erfahren könnt. Wenn Ihr erst einmal für die geistige Welt erwacht seid, werdet Ihr die wahre Bedeutung der Freiheit verstehen können. Wie die gesamte Tierwelt werden auch wir beginnen, auf telepathischem Weg mit Euch zu kommunizieren. Diese Kommunikation wird aus dem Herzen kommen und nicht aus dem Gehirn. Diese Lektion müßt Ihr lernen, bevor Ihr zu den höheren Chakren des Kopfes aufsteigen könnt. Denkt nach, bevor Ihr sprecht, und erlaubt keinem Eu-

rer Worte, eine andere menschliche Seele zu verletzen. Wenn Ihr die Bereitschaft, niemandem Schaden zuzufügen, lebt, können wir uns Euren Auren nähern und die Freuden Eurer Begleitung genießen. Man sagt, unsere Hufeisen bringen Glück, weil unsere Füße auf dem Pfad der Wahrheit wandeln.

MEDITATION

Schließen Sie Ihre Augen und stellen Sie sich ein prachtvolles Pferd vor, das für Sie bereit steht. Begeben Sie sich auf seinen Rücken und teilen Sie dem Tier mit, wenn Sie sicheren Sitz gefunden haben; dann wird es gemeinsam mit Ihnen in die Lichtebenen hinauf galoppieren. Dort werden Sie viele verschiedene Tierarten sehen, die friedlich Seite an Seite leben. Laufen Sie mit Ihnen, und beachten Sie besonders die Elefantenherden sowie deren Familien. Vielleicht möchten Sie ein wenig Zeit in deren Gesellschaft verbringen, um mehr über diese großen Wesen zu erfahren. Genießen Sie den Gesang der Vögel und bemerken Sie eine große, weiße Schleiereule, die auf einem Pfosten vor Ihnen sitzt. Hören Sie auch ihr gut zu, denn sie mag so manches zu erzählen haben. Verbleiben Sie einige Momente in der Gesellschaft dieser Begleiter. Gestatten Sie ihren Gruppengeistern, sich Ihnen zu nähern und Ihnen dabei zu helfen, aus ihren Eigenschaften geistige Stärke zu beziehen. Danken Sie den versammelten Wesen dann, und bitten Sie das Pferd, Sie wieder sicher an Ihren Ausgangsort zurückzubringen. Auch dieses Tier verdient ein dankbares Streicheln, ehe Sie die Meditation beenden und in Ihre Alltagswelt zurückkehren.

DAS STIRNCHAKRA

DER DELPHIN

Ich wurde der Menschheit von den Bewohnern der Venus und des Sirius gegeben, und habe Erinnerungen an Welten, die vom Licht der Liebe und der Weisheit erfüllt sind. Die Bewohner dieser Reiche haben feste Gestalt. Sie bestehen hauptsächlich aus Liebesenergie. Sie strömen beständig auf Euren armen, heimgesuchten Planeten herab. Ich bin hier um Euer Freund zu sein und Euch bei der Suche nach Weisheit zu unterstützen. Warum also verstümmelt

und tötet Ihr meine Art der Gier und des Profites wegen? Glücklicherweise haben einige Menschen mittlerweile erkannt, welch heilsame Kraft wir Euch bringen. Wenn Euer Geist erkrankt ist, können
wir Euch Erleichterung verschaffen und Euch mit Freude und Glück
erfüllen, denn wenn Ihr lacht, vergeßt Ihr Eure Probleme, und auch
körperliche Erkrankungen verlieren an Bedeutung. Wir unterstützen auch das Erwachen Eurer Intuition, damit Ihr hinter Eure physischen Begrenzungen blicken könnt. Wir betreuen Euren Planeten
und die Umwelt. Wenn Ihr die Luft und die Meere verschmutzt, fügt
Ihr uns Schmerz zu. Wenn Ihr mit Eurer Zerstörung fortfahrt, werden wir vom Angesicht der Erde genommen werden. Wir haben jedoch große Hoffnung für Eure Welt. Die Schwingungen der physischen Materie sind mittlerweile viel höher als zu jenen Zeiten, da
wir in die Meere Eurer Welt kamen. Wir spüren, wie aus all dem
Aufruhr und Chaos der letzten hundert Jahre langsam die Energie
der Liebe aufzusteigen beginnt. Bald ist die Zeit gekommen, da die
Lichtarbeiter die diese Erde umgebende Negativität zu Fall bringen
werden. Lauscht unserem Lied, das Freude und Ausgleichung in Eure müde und verhärmte Welt bringt. Die Geister der Erde sind geduldig, doch sie werden nicht ewig warten.

DAS EINHORN

*E*inst, als Ihr noch jung und unschuldig wart, wandelte ich über
Eure Erde, doch als sich Eure Schwingungen verhärteten, konnte
ich nicht länger bleiben. In Träumen und Meditationen komme ich
noch immer zu Euch und bereite Euch auf jene Zeit vor, wenn Ihr
Eure niederen Leidenschaften überwunden habt und ich auf die
materielle Ebene wiederkehren kann.

Ich symbolisiere den Gralskelch, den der Mensch durch alle Zeiten
gesucht hat. Ihr erkennt aber nicht, daß der Gral in Euch selbst ist.
Für viele Inkarnationen habt Ihr die Stelle des verwundeten Königs
eingenommen, und wart unfähig, vergangenes Unrecht zu verge-
ben oder zu vergessen. Ihr seid in einem von Euch selbst erschaf-
fenen wüsten Land umhergeirrt und habt erst seit kurzem die Möglichkeit gewonnen, Euer Herz mit dem höheren Geist zu verbinden
und eine Vorstellung von Eurer eigenen Göttlichkeit zu erhaschen.
Ich helfe Euch dabei zu verstehen, daß Euch die Summe Eurer Erfahrungen – der positiven wie auch der negativen – an diesen Punkt
gebracht hat. Ihr steht vor den Toren der Weisheit und bewahrt in

Euren Herzen das Licht des Heiligen Grals. Ich arbeite sehr eng mit dem Erzengel Gabriel zusammen, der für die Menschheit einmal mehr der Bote der Hoffnung sein wird, wenn Ihr auf dem Pfad der geistigen Entwicklung voranschreitet.

Das Horn in der Mitte meiner Stirn symbolisiert die Intuition. Wenn Ihr mit den Energien der vierten Dimension zu arbeiten beginnt, werden Euch alle Geschenke dieses Chakras zur Verfügung stehen. Einmal mehr werde ich in Eure Mitte treten, und zusammen werden wir den Weg in noch höhere Reiche der Weisheit und Offenbarung gehen.

MEDITATION

Finden Sie einen Augenblick Ruhe, und bringen Sie vor Ihr inneres Auge ein Bild intensiven goldenen Lichts. Langsam erkennen Sie nun die Umrisse von Hügeln und Bäumen, doch es ist noch immer, als würden Sie durch einen feinen goldenen Nebel blicken. Betrachten Sie, was in diesem Nebel liegt, bis Sie die Konturen eines tiefblauen Sees entdecken. Begeben Sie sich an dessen Ufer und genießen Sie das Spiel der goldenen Lichtfunken über der blauen Wasseroberfläche einige Augenblicke lang. Plötzlich bemerken Sie, wie sich das Wasser in der Ferne kräuselt und sich ein Wellenschlag in Ihre Richtung bewegt: Ein großer, grauer Delphin schwimmt auf Sie zu und öffnet sein Maul zum Gruß. Als er in der Nähe des Ufers angelangt ist, tritt ein reinweißes Einhorn aus dem Wald heraus und begibt sich an die Seite des im seichten Wasser schwimmenden Delphins, wo es gemeinsam mit seinem Begleiter auf Sie zukommt. Strecken Sie Ihre Hände in Liebe und Freundschaft aus, um die wundervollen Wesen willkommen zu heißen und zu liebkosen. Verbringen Sie ein wenig Zeit im Gespräch mit den beiden Geschöpfen, und nehmen Sie deren Schwingungen auf. Hüllen Sie sich in einen Umhang aus dem weißem Licht des Einhorns, das Ihnen helfen wird, die Schwingungen Ihres täglichen Lebens zu erhöhen. Bedanken Sie sich herzlich bei den Tieren, bevor Sie die Augen öffnen, um Ihren Alltag mit dem Leuchten der anderen Welt zu erfüllen.

DAS KRONENCHAKRA

DIE SCHLANGE

Ihr findet mich im Caduceus abgebildet, im griechischen Schlangenstab der Heiler. Wenn Ihr mit dem Kronenchakra Eures Bewußtseins eins werdet, habt Ihr die Selbstheilung aller heiligen Zentren Eures Körpers erlangt. Wenn alle Zellen Eures Körpers in Einklang miteinander singen, werdet Ihr erneuert sein. Wenn das Feuer der Schlange durch Eure Chakren flutet und Eure vollständige Eingliederung in die Energien des Universums erreicht ist, werdet Ihr selbst zum Symbol Eurer Vereinigung mit dem Christuslicht. Unsere Häutungen symbolisieren Eurer Fortschreiten durch die verschiedenen Stadien des Bewußtseins. Mittels vieler Zyklen des Todes und der Wiedergeburt werdet Ihr durch die Annahme neuer Lektionen und Ideen die Krone erreichen, nachdem Ihr alte Glaubenssätze und überlebte Überzeugungen abgeschüttelt habt. Ihr werdet erkennen, daß die Wahrheit der Liebe in jedem lebenden Geschöpf bis hin zum kleinsten Grashalm enthalten ist. In der sich entwickelnden Spirale des Lebens sind wir alle eins, und gemeinsam gehen wir in noch höhere Zentren des Seins ein, die jenseits des Begreifens Eures begrenzten und erdgebundenen Verstandes liegen.

DER ADLER

Mein Name bedeutet 'spirituelle Weisheit'. Ich schwebe im Himmel und triumphiere in Freiheit über die physische Materie. Ich repräsentiere die Verjüngung, welche Euch widerfahren wird, wenn Ihr von der materiellen Ebene in ein neues Leben in der nächsten Dimension hinübergeht. Ich lehre die Mysterien des Aufstiegs und bin auch Eure Verbindung mit der göttlichen Eingebung. Der letzte Eurer negativen Gedanken, den Ihr überwinden werdet, wird der des Stolzes und der Selbstbezogenheit sein. Ich werde Euch dabei helfen, über diese letzte Falle der Menschheit zu triumphieren, auf daß der Fluß vollkommener Liebe und Macht Euer Haupt mit dem tausendblättrigen Lotus kröne.

MEDITATION

Schließen Sie Ihre Augen und entspannen Sie sich bei einigen tiefen, ruhigen Atemzügen. Stellen Sie sich nun einen weißen Adler vor, der in einem klaren, blauen Himmel schwebt und auf seinem Rücken eine zusammengeringelte Schlange mit sich trägt. Der Zeitpunkt ist gekommen, an dem der Adler die Schlange nicht länger als seine Beute betrachtet, sondern beide Tiere sich und somit ihre Energien vereinigt haben, um immer höher in den wolkenlosen Himmel hinauf zu fliegen, über Berge, Täler und Flüsse hinweg. Sehen Sie, wie die Tiere auf die Sonne zufliegen und schließlich in den goldenen Strahlen des Himmelsgestirns verschwinden, um auf diese Weise in das Christuslicht einzugehen, welches die Liebe und Macht Gottes in sich vereint. Dieses Licht strebt nun auch auf Sie zu, bis es Sie gänzlich umhüllt und Ihnen die Weisheit und Erleuchtung bringt, welche der Schlange und dem Adler zu eigen sind. Geben Sie sich ganz dem Bad in diesem Strahlenglanz hin und achten Sie auf jegliche Eingebung, welche Ihnen dabei kommen mag. Diese Erkenntnisse werden Ihnen nützlich sein, wenn Sie sich nach Beendigung der Meditation wieder Ihrem täglichen Leben stellen.

Bevor ich dieses Kapitel beende, möchte ich drei weitere Erfahrungen mit Ihnen teilen, die ich mit meiner Katze Tawny, dem Hund meines Schwiegervaters und einer Deva – der Deva der Schnecken – haben durfte. Außerdem möchte ich Sie ermutigen Ihre eigenen archetypischen Tiere und deren Devas zu entdecken.

Die Katze und der Hund begleiten den Menschen schon seit langer Zeit, und wir können viel voneinander lernen. Die Hauskatze ist zum Beispiel eine großartige Hilfe, wenn es darum geht, zerrütteten Nerven Frieden zu bringen. Als ich vor einigen Tagen dieses Kapitel vorbereitete, erhielt ich einen Telefonanruf, der mich sehr verletzte. Als ich den Hörer wieder auflegte, zitterte ich vor Kummer und Schmerz. Plötzlich spürte ich die Berührung einer Pfote, und meine wunderschöne Schildpattkatze sprang in meinen Schoß. Tawny legte ihre kleinen Arme um meinen Hals und rieb ihr Gesicht an meinen Wangen und meiner Kehle. Nach kurzer Zeit war ich wieder ruhig und voller Frieden. Sie hatte mir gezeigt, worum es bei wahrer Liebe wirklich geht, und ich war nun in der Lage, anstelle von Groll Gedanken der Liebe und Vergebung zu meinem Angreifer zu senden.

Immer mehr Ärzte stellen fest, daß Tiere wie zum Beispiel Katzen und Hunde sogar schwer geistig gestörte Patienten besänftigen und beruhigen können. Tawny ist eine alte Freundin von mir aus einem früheren Leben in Ägypten. Sie erkannte meinen Mann und mich sofort, als wir im hiesigen Tierheim ankamen. Wir hatten gerade unseren Kater „Willum" verloren und von einer Streunerkatze gehört, die dringend ein Zuhause brauchte. Das Tierheim war voll von Katzen. Als wir durch die Tür kamen, sprang ein kleines, mageres Bündel von einem Telefontisch aus auf meine Schulter. Dann begann sie, mein Kinn zu beschnüffeln und zu küssen, während sie in freudigem Erkennen schnurrte. Sie war die Katze, von der man uns erzählt hatte, und sie erinnerte sich an uns von einer früheren Inkarnation her. Sie wußte, daß sie nun bei ihren rechtmäßigen Besitzern angelangt war und „nach Hause" kommen würde. Von diesem Tag an haben uns ihre Liebe, ihre Freundschaft und ihre große Hilfsbereitschaft stets Freude bereitet.

Tawny hat einen wunderschönen Seelengeist, der über sie wacht, und ich bin sicher, daß sie sich der Führung durch dieses Wesen wohl bewußt ist. Letztes Jahr wurde sie sehr krank, und wir brachten sie zum Tierarzt. Er vermutete ein Nierenproblem und bat uns, sie wieder zu ihm zu bringen, falls sie weiterhin an Gewicht verlieren sollte. Wir führten intensive Heilungssitzungen durch und gaben ihr viel liebevolle Fürsorge. Plötzlich bemerkte mein Mann, daß sie jeden Abend zur selben Zeit verschwand. Wir folgten ihr und sahen, wie sie meinen Heilungstempel betrat und auf den Stuhl vor dem Altar sprang. Dort blieb sie für eine Viertelstunde, ehe sie den Raum wieder verließ. Dies tat sie etwa vierzehn Tage lang jeden Abend gegen zehn Uhr. Nach Ablauf dieser Zeit begann sie, wieder zuzunehmen und erholte sich sichtlich von ihrer Erkrankung. Ich glaube, daß sie von ihrem eigenen Engel in meinen Heilungsraum geführt wurde.

Auch ein Hund kann seinem Besitzer Heilung bringen. Frank, der Stiefvater meines Ehemanns, hatte einen Labrador, der vertrauensvoll in seinem Schoß zu sitzen und Franks Hände und

Arme zu lecken pflegte. Frank sagte immer, daß der Speichel des Hundes das Rheuma in seinen Hand- und Fingergelenken zum Verschwinden bringe. Ich war mehrmals dabei anwesend und kann bestätigen, daß dies wirklich so war.

Während ich mich in Südafrika aufhielt, machte ich die Bekanntschaft einer wunderschönen Schäferhündin. Sobald ich in ihrem Heim ankam, belleckte sie mich und hieß mich auf diese Weise willkommen. Während meines gesamten Aufenthalts verließ sie nur selten meine Seite. Sie schlief auf meinem Bett und ging mit mir zusammen spazieren. Am Morgen meiner Abreise war sie von großer Trauer erfüllt. Der Blick ihrer Augen, als ich in das Auto stieg, war wirklich herzzerreißend. In der folgenden Nacht hatte ich einen Traum: Ich war ein amerikanischer Indianer und rannte durch den Wald. An meiner Seite befand sich ein großer Wolf. In Ihm erkannte ich die Schäferhündin, die ich in Südafrika kennengelernt habe, wieder, so haben es die Gruppengeister der Tiere mir mitgeteilt.

Vor einigen Jahren erlitt mein Ehemann einen schweren Herzanfall, der ihn für mehrere Monate arbeitsunfähig machte. Sein ganzer Stolz und seine Freude ist jedoch sein Schrebergarten. Ich versprach ihm, das Pflanzen und Bewässern zu übernehmen, bis er selbst wieder in der Lage sein würde, langsam mit dem Unkrautjäten und der Pflanzenpflege zu beginnen.

Wir hatten viel Regen, und mein Mann war von Sorge erfüllt, daß Schnecken in seinen Garten einwandern und die Kohlköpfe anknabbern könnten. Er bat mich deshalb, Schneckenkorn zu kaufen und dieses im Garten zu verstreuen. Ohne es ihm zu sagen, weigerte ich mich, seiner Bitte Folge zu leisten und entschied statt dessen, mich mit der Schneckendeva zu verbinden und sie um Unterstützung zu bitten. Ich habe die Schönheit und Kompliziertheit der Schnecken immer bewundert, und ganz besonders das Heim, welches sie auf ihrem Rücken tragen. Die Deva dieser Art war keine Ausnahme; der gesamte Körper dieses erlesenen Engels zeigte sich in eine spiralförmige Schale gehüllt, und am Kopf der strahlenden Gestalt befanden sich zwei vollkommene Fühler. Ich erklärte die Situation und bat um Entfernung der Schnecken, da mein Mann nach seiner Genesung sicher eine Todesbotschaft in Form eines Schneckenkillers abliefern würde.

Ich war bald sehr erfreut, trotz der regnerischen Nächte feststellen zu können, daß die Schleimspuren der Schnecken gänzlich auf leerstehende und überwucherte Nachbargrundstücke wiesen, unseren Garten aber mieden. Als Peter in sein „Königreich" zurückkehrte, zeigte keine einzige seiner Pflanzen die Zeichen der Verwüstung durch hungrige Mäuler, und er gratulierte mir zu meiner guten Arbeit. Ich erzählte ihm von meiner kleinen Täuschung; es fiel ihm sichtlich schwer, meine Geschichte zu glauben, obgleich der Beweis dafür direkt zu seinen Füßen lag. Dennoch ist es die Wahrheit, und ich weiß, daß diese Methode bei allen Geschöpfen funktioniert, seien es nun Mäuse, Ameisen oder Wespen. Naturgeister und Devas sind nur zu gern bereit, uns dabei zu helfen, unsere Gärten und unser Heim in kleine Paradiese zu verwandeln; wir müssen uns nur auf ihre Energie einstimmen und sie um ihre Unterstützung bitten.

Meine Reise durch das Reich der Tiergeister ist nun beendet. Ich hoffe, daß Sie meine Verbindung mit den vielen Gruppengeistern dieses Reichs erfreut hat und lade Sie herzlich dazu ein, dieses Reich selbst mit viel Freude und Vergnügen zu erforschen. Erfahren Sie dasselbe Glück, das mir meine Meditationen gebracht haben. Die gänzliche Vereinigung mit allen Reichen zu erleben bedeutet, ein kleines Stück der göttlichen Vollkommenheit zu finden und einen winzigen Teil der Pläne Gottes für die Bewohner dieses Planeten zu erblicken.

TEIL IV

Naturgeister des Mineralreichs

Ich habe bereits über die Anwesenheit der Engel in Bäumen und Tieren gesprochen; die Felsen der Erde sind da keine Ausnahme. Auch sie verfügen über eigene und besondere Devas sowie Naturgeister, die in Steinen, Kristallen und der Erde selbst leben. Hören Sie auf das, was die Felsen der Erde Ihnen sagen möchten, und Sie werden ein Teil des Herzens und des Geistes von GAIA werden, unserer planetarischen Mutter, in der wir leben, atmen und sind. Vielleicht kennen Sie irgendwo in der Nähe Ihres Wohnortes einen alten Platz, an welchem sich ein Steinkreis oder ein ehemaliger Prozessionsweg befindet. Wenn Sie an einem solchen Ort die Augen schließen, können Sie eines dieser Teilstücke unserer Erde berühren. Es wird Ihnen mit Visionen von uralter Weisheit aus längst vergangenen Zeiten antworten. Diese Wesen werden auch Ihre Erinnerung dafür erwecken, wer Sie wirklich sind, und warum Sie hier sind.

Die in England sich immer häufiger zeigenden Kornkreise weisen eine sehr komplexe geometrische Form auf. Diese Kornkreise sind von enormer Länge und Breite und nehmen ab und zu die gesamte Länge eines Hügels ein. Sie sind zentimetergenau geometrisch. Scheinbar können diese Kreise nicht von Menschenhand geschaffen worden sein. Bei einigen der kleineren Kreise mag es sich um Fälschungen handeln, doch im allgemeinen bräuchte es 200 Menschen, die sich aus Hubschraubern lehnen, um sie zu formen. Wer also schuf sie? Was bildete ihre vollkommene Symmetrie? Ich bin gemeinsam mit einigen Experten der Ansicht, daß eine beträchtliche Anzahl der Kreise von Mutter Erde selbst erschaffen und gestaltet worden sind.

Im letzten Jahr hatte ich die Ehre, einen sehr schönen und komplizierten Kreis betreten zu dürfen. Wenn Sie im Internet unter crop circles/crop circle connector/Alton Barnes July 11, 1997 nachsehen, können Sie selbst sehen, wie herrlich und ehrfurchteinflößend er war. Meine Freundin Joan Fugeman und ich legten uns in die Mitte des Kreises mit dem Gesicht zum Boden hin und spürten, wie unendlich viel Liebe und Mitgefühl in uns strömte. Ich spürte, daß dieser Kornkreis für den um unseren Planeten liegenden Ring aus göttlicher Liebe stand. Die Landwirte sagen, daß diese Kreise sehr schnell geformt werden. Einer von ihnen erzählte, daß er gegen Mitternacht auf seinem Land arbeitete und kurz für eine Tasse Kaffee ins Haus ging. Als er zwanzig Minuten später zurückkehrte, war der Kornkreis bereits vollendet.

Es gibt Videoaufzeichnungen von kleinen, über den Wiesen tanzenden Lichtern. Diese kleinen Lichter gleichen bis aufs Haar jenen Phänomenen, die ich als Kind bei der Begegnung mit Naturgeistern wahrnahm. Führen diese winzigen Lichtwesen die Arbeit von Mutter Erde aus? Ich denke schon.

Ich gehe davon aus, daß sie zu uns in ihrer eigenen Sprache spricht, nämlich der Sprache des Universums. Diese wundervollen geometrischen Formen helfen der Menschheit bei der Erhöhung ihres Bewußtseins. Die meisten Menschen, die jemals einen Kornkreis betreten haben, berichten von verschiedenartigsten Erfahrungen. In der Meditation erlebten sie eine große Freude oder hörten ein leises, summendes Geräusch. Andere, die den Kreis aus reiner Neugier betreten, empfinden oft Schwindel oder Übelkeit. Ich kann nur jedem, der mit der Weisheit von Mutter Erde eins werden möchte raten, sich einer solchen Begegnung auszusetzen.

Ich hoffe, der letzte Teil dieses Buches ermutigt Sie dazu, die Energien verschiedener Kristalle und Edelsteine zu erfahren. Erforschen und entdecken Sie selbst deren Schönheit! Wann immer ich ein Seminar halte, gebe ich jedem Teilnehmer ein kleines Stück Rosenquarz oder Amethyst. Ich bitte sie, sich mit den kleinen Engelwesen im Edelstein zu vereinen, indem sie den Stein an ihr Herz halten und ihn dann mit Frieden und bedingungsloser Liebe programmieren. Danach bitte ich die Teilnehmer, den Stein in den kommenden Wochen mit sich zu tragen und an einen Ort zu legen, der sich negativ anfühlt. Auf diese Weise transformiert der Stein Negatives in Positives und reinigt einen weiteren kleinen Teil des Planeten Erde.

Vor einigen Jahren reiste ich durch England und verkaufte Handwerksarbeiten. Auf meiner Route kam ich zu vielen Einkaufszentren, in denen die Energien nicht gerade positiv waren. Dort führte ich immer dieses kleine Ritual aus und konnte im Laufe der nächsten Tage spüren, wie sich die Schwingung erhöhte.

Auf meinen Seminaren lege ich auch meist entweder mit kleinen klaren Kristallen oder mit Rosenquarzen einen Kreis aus. Diese Edelsteine haben sich zuvor zur Aufladung mit Liebe und heilenden Energien immer für einige Zeit auf dem Altar meines Heiligtums befunden. Nachdem ich sie in Kreisform gelegt habe, lade ich die Seminarteilnehmer dazu ein, sich in die Mitte des Kreises zu setzen und die Liebe und Heilkraft zu erfahren, welche von den Steinen ausstrahlt.

Ich möchte all meine Leser dazu einladen, eigene Kreise zu formen und sich auf die Freude einzustimmen, welche aus dem Herzen von GAIA kommt – unserer herrlichen Mutter Erde, die auf ihrem physischen Körper solche Schönheit erschaffen hat.

Nun, da wir uns ins Zeitalter des Wassermanns begeben, werden uns von Mutter Erde selbst mehr und mehr Geheimnisse enthüllt. Das Interesse für die Eigenschaften von Mineralien und Edelsteinen verbreitet sich immer mehr auf der ganzen Welt, und viele sensitive Menschen erkennen die Fähigkeiten dieser wunderschönen Gebilde und verwenden sie. Das Wissen um die Eigenschaften des Mineralienreichs ist für die Menschheit nicht neu. In Atlantis zum Beispiel verwendete man mehrere riesige Kristalle zur Energieversorgung der Dörfer und Städte. Wenn die Menschheit bereit dafür geworden ist, wird das Wissen um solche Energiequellen wieder an der Oberfläche unseres Planeten erscheinen.

Im Griechischen steht das Wort Kristall für Eis; man sagte, Kristalle seien „gefrorenes Wasser des Himmels". Unsere Reaktionen auf diese Steine hängt von unserem Sternzeichen und den in unsere Körper einströmenden kosmischen Strahlen ab. Jedes Kristallstück enthält eine winzige Wesenheit, welche einen wunderbaren Gruppengeist repräsentiert, der diese spezielle Steinart überschattet.

Ich habe bemerkt, daß Edelsteine, die mir als Geschenk gegeben wurden, eine besondere Bedeutung haben. Sie wurden mit Bedacht ausgewählt, und wenn ich sie in den Händen halte, rufen sie sofort ein Gefühl der Liebe und Wärme hervor. Dies war ganz besonders der Fall, als ich von einer australischen Freundin einen wunderschönen Bergkristall erhielt. Sie erzählte mir, daß der Stein in Indien in einer Haltung der Liebe und Verehrung aus der Erde geschnitten worden sei, was deutlich wurde, als ich ihn in die Hand nahm und die Energie bedingungsloser Liebe förmlich überfließen spürte. Jeder, der den Stein bisher berührte, nahm dieselbe Schwingung wahr. Welch ein Jammer, daß nicht mehr Arbeiter in den Minen und mehr Importeure dieselbe Integrität beweisen! Es beunruhigt mich, daß die Menschheit die Erde aus Gier und Machthunger auf der Suche nach großen Kristallhöhlen plündert. Zum momentanen Zeitpunkt ist es für uns noch nicht notwendig, große Kristallscheiben zu besitzen, um uns deren Kraft zunutze zu machen; wir können dasselbe Ergebnis mit kleinen Stücken ebenso wie mit riesigen Felsen erreichen.

Auf den folgenden Seiten gebe ich die Ergebnisse meiner Betrachtungen der das Mineralienreich umgebenden Naturgeister wieder. Auch hier habe ich jeweils eine kleine Meditation angeschlossen, welche sich als hilfreich erweisen kann.

AMETHYST

*D*ieser Stein steht in Verbindung zum Herzchakra und Kronenchakra.

Ich bin eine Deva des siebten Strahls und habe tief in der Erde die Dämmerung des anbrechenden neuen Zeitalters erwartet. Ihr bewundert mich aufgrund meiner Schönheit und meiner Farbe, die Stärke und Bestimmtheit anzeigt. Indem ich all Eure Gefühle mit der Macht des Kronenchakras ausgleiche, kann ich in Euren Chakren die Liebe von der Ebene des Herzens zu jener des Kopfs tragen. Ich bringe Euch Frieden und den Trost des tiefen Schlafs, aus welchem Ihr die klare Erkenntnis Eures geistigen Potentials als in feste Materie gekleidete spirituelle Wesen mitbringt. Wenn Ihr mich in der Hand haltet, helfe ich Euch, eine klare Verbindung zu den höchsten geistigen Reichen herzustellen. Meine Engel formen einen Lichtbogen aus Liebe der die Wirkung jedes Heilungsrituals verstärkt. Diese Liebe wird Eure Patienten einhüllen und bei der Entfernung von Blockaden behilflich sein. Im Mineralienreich bin ich der Fluß des Lebens. In der Ruhezeit zwischen den Leben habt Ihr dabei geholfen, meine Struktur zu formen, weshalb wir mit der Vergangenheit, der Gegenwart und auch der Zukunft verbunden sind. Meine Botschaft an die Menschheit lautet: Friede und Gesundheit allen Menschen. Stellt allen Streit und Kampf ein, und bemächtigt Euch der Stärke Eurer eigenen, individuellen Seele.

MEDITATION

Nehmen Sie den Stein in Ihre Hände und schließen Sie die Augen. Während Sie sich mit einigen tiefen, ruhigen Atemzügen entspannen versuchen Sie, einen ersten Kontakt zum Kristall herzustellen. Werden Sie sich seiner Form in Ihren Händen bewußt, erfahren Sie die Struktur seiner Oberfläche und spüren Sie seiner Ausstrahlung nach. Begrüßen Sie den Stein nun freundlich, und stellen Sie sich einen klaren, amethystfarbenen See vor, auf dessen Oberfläche ein weißer Schwan gelassen dahergleitet. Er steht für Ihre Seele, welche die Eigenschaften des Amethysts in sich aufnimmt. Spüren Sie, wie vom Stein ausgehend ein tiefer und bleibender Frieden in Ihr Herz einkehrt und in Ihren Blutstrom übergeht, von wo er jeden Teil Ihres Körpers durchströmt und bis in die entferntesten Winkel Ihrer Gestalt Ruhe und Klarsicht bringt. Von diesem Augenblick an werden sich alle Blockaden und Verunreinigungen in Ihrem ätherischen wie auch materiellen Körper langsam auflösen. Sie haben auf diese Weise Energie in Gang gesetzt, die sich von nun an unaufhaltsam zu Ihrem Besten in Ihrer gesamten Persönlichkeit umsetzt und jeden Tag ein wenig weiter voranschreitet. Wann immer Sie den Amethyst in die Hände nehmen und sich auf den Engel des Kristalls einstimmen, werden Sie spüren können, wie dieser Sie langsam aber sicher auf eine neue Seinsebene anhebt. Vergessen Sie nicht, dem Edelstein für seine Unterstützung zu danken.

BERNSTEIN

*D*ieser Stein wird dem Nabelchakra und dem Kehlkopf-chakra zugeordnet.

Ich bin die Deva des Bernsteins. Da dieser aus versteinertem Baum-harz besteht, habe ich Erinnerungen an längst vergangene Zeiten, als ich noch in der Hitze Lemuriens und auf den kühlen Lichtun-gen von Atlantis wuchs. Ich stand in Ägypten am Ufer des Nils und schützte die Druiden im alten Britannien. Wenn Ihr mich in den Händen haltet werde ich Euch helfen, mit Gefühlen umgehen zu lernen, die Ihr aus alter Zeit mitgebracht habt und kann Euch bei der Linderung von gesundheitlichen Problemen karmischer Art un-terstützen. Mit Hilfe meiner Schwingungen können verschiedene Leiden, Asthma, Erkrankungen des Atmungsapparates und auch Geschlechtskrankheiten vermindert werden.

Meine Engel sind nun von den Einschränkungen des Fischezeital-ters befreit und können mit den Herren des Karmas zusammenar-beiten, um das Rad der Wiedergeburt für viele Seelen langsam zum Stillstand zu bringen. Nun ist für die entwickelte Menschheit der Weg zu den Akasha-Chroniken frei. Die Engel, welche diese auf-zeichnen, tragen den Bernstein am Herzen und bringen der Menschheit die Botschaft der Vergebung für sich selbst. Nur wenn Ihr Euch selbst verzeiht, könnt Ihr aus vergangenen Fehlern lernen und auf dem Weg Eurer evolutionären Reise weiter voranschreiten. Eure Suche wird Euch schließlich bis hinaus ins Universum zu an-deren Sternen und Planeten bringen. Es gibt nichts, was die Menschheit – mit Gottes Willen – nicht erreichen könnte.

MEDITATION

Schließen Sie die Augen und nehmen Sie einen Bernstein in die Hände. Wenden Sie sich dem Wesen des Edelsteins zu, be-grüßen Sie es und stellen Sie sich vor, wie Sie einen Tempel aus reinem, bernsteinfarbenen Licht betreten. Die goldene Farbe symbolisiert spirituellen Fortschritt. Gehen Sie an schlanken, hochaufstrebenden und durchscheinenden Säulen vorbei, de-ren Inneres in bernsteinfarbenem Glanz erstrahlt, bis Sie vor sich eine goldene Leinwand entdecken, auf der sich in schnel-ler Folge eine Unmenge an Bildern, Szenen und Begegnungen spielt. Sie betrachten die Leinwand ein wenig länger und begreifen, daß es sich bei den Darstellungen um blitzartige Eindrücke vergangener Jahrhunderte handelt – einige der Szenen mögen Ihnen sogar bekannt erscheinen. Das gesamte Panorama der menschlichen Geschichte kann auf diese Weise enthüllt werden. Nehmen Sie nun auf einem der Kissen Platz, die sich vor der Leinwand befinden, und beobachten Sie die Geschehnisse vor sich; möglicherweise wird man Ihre Anwesenheit registrieren und Ihnen einige Szenen aus einem oder mehreren Ihrer vergangenen Leben oder jenen anderer Menschen zeigen. Szenen, die für Sie von ganz besonderer Bedeutung sind und die man Ihnen enthüllt, um Ihr Verständnis Ihrer momentanen Lebensumstände zu erhöhen. Danach danken Sie dem Engel des Bernsteins für die gewonnenen Einsichten. Werden Sie sich dann langsam wieder Ihrer Umgebung bewußt, öffnen Sie die Augen und kehren Sie erfrischt und von tiefer Ruhe erfüllt in Ihren Alltag zurück.

BERGKRISTALL

*D*ieser Kristall befindet sich in Harmonie mit dem Dritten Auge und dem Kronenchakra.

Während ich die Struktur des klaren Bergkristalls untersuchte, stieß ich auf einige Legenden, die von der Fähigkeit dieses Steins, zu verschwinden und wieder aufzutauchen berichteten. Ich glaubte diese Geschichten nicht, bis sich in meinem eigenen Leben ein erstaunliches Ereignis abspielte. Ich flog nach Amerika und hatte einen Stab aus klarem Bergkristall dabei, den ich immer mitnehme, wenn ich mich auf eine Reise begebe. Ich steckte ihn in eine Innentasche meines Koffers, wo ich ihn sicher aufbewahrt glaubte.

Bei meiner Ankunft brauchte ich diesen Kristall, also faßte ich in meinem Koffer, um ihn herauszunehmen. Meine Finger griffen jedoch ins Leere – es war kein Stab da! Zu meiner Bestürzung war der Stein auch nirgendwo zu sehen. Ich durchsuchte mein gesamtes Gepäck Zentimeter für Zentimeter, doch es nutzte nichts. Daraufhin nahm ich an, das Unmögliche geschah und mein Kristall ist irgendwo aus meinem Koffer gefallen und auf diese Weise verlorengegangen. Unglücklicherweise kam mein

Koffer nicht mit zurück nach England, sondern war für zwei Wochen in Amerika verschollen.

Nachdem ich mein Gepäck endlich wiederhatte, fiel mir beim Auspacken sofort eine Ausbuchtung an jener Innentasche auf, in die ich zuvor meinen Kristall gesteckt hatte. Zu meinem großen Erstaunen fand ich ihn dort heil und ganz, obwohl ich diese Stelle dreimal abgesucht hatte. Ich kann mir nur vorstellen, daß der Stein einfach keine Lust hatte mit auf diese Reise zu kommen, also war er bis zur Rückkehr des Koffers in seine gewohnte Umgebung zurückgekehrt und aus meinem Blickfeld verschwunden – seltsam, aber wahr.

Nun folgt die Botschaft, die ich von der Wesenheit erhielt, die mit den Schwingungen im Innern des Bergkristalls arbeitet:

Obwohl ich Millionen von Jahren in der sicheren Wärme der Erde wuchs, bin ich auch auf der Oberfläche dieses Planeten zu Hause, wo ich mich an der Sonne erfreue. Deshalb kann ich sowohl tief in Euer inneres Bewußtsein reichen als auch jene Gedanken verstehen, die von der Oberfläche Eures äußeren, materiellen Geistes stammen. Ich kann Euch dabei helfen, Ideen und intuitive Lehren Eures höheren Selbst an die Oberfläche zu bringen. Ich bin ein wundervoller Botschafter der Meditation und ermögliche Eurem Herzzentrum, sich weit zu öffnen, um die Weisheit der höheren geistigen Ebenen zu empfangen.

Ich bin auch in der Lage, die Dunkelheit des Hades zu begreifen, weshalb ich ein geeignetes Instrument zur Unterstützung des sicheren Überganges der Seele in die jenseitige Welt bin. Ich kann in der Meditation die klare Erkenntnis früherer Fehler oder Tugenden bringen.

MEDITATION

Nachdem Sie einen klaren Bergkristall in die Hand genommen haben, schließen Sie die Augen und finden Sie sich in der Halle der Weisheit wieder, welche auf den höheren geistigen Ebenen liegt. Betrachten Sie die riesigen Hallen, in welchen sich Buchregal an Buchregal reiht. Vielleicht sehen Sie auch noch andere Sucher außer Ihnen, die zwischen den Regalen sitzen und eines der uralten Werke der Weisheit studieren. Stören Sie niemanden dort. Durch große Fenster fällt ein warmes goldenes Licht, das Ihre gesamte Umgebung in sonnige Klarheit hüllt. Wandern Sie durch die riesigen Büchereien, bis Sie sich von einem bestimmten Buch angezogen fühlen. Nehmen Sie es vorsichtig aus dem Regal und betrachten Sie es. Welchen Titel hat das Buch? Wie sieht es aus? Setzen Sie sich für einen Augenblick hin, und blättern Sie langsam eine Seite nach der anderen um. Wenn Sie genug gesehen haben, danken Sie dem Engel des Bergkristalls herzlich für seine Dienste und öffnen Sie die Augen. Notieren Sie nach der Rückkehr aus der Meditation alles, was Sie von diesem alten Manuskript noch in Erinnerung haben. Sie werden feststellen, daß Ihr Geist viel positiver eingestellt ist und daß alle negativen Gedanken in lebendige Lichtenergie verwandelt worden sind. Auch wenn Sie sich in bezug auf eine bestimmte Situation ratlos fühlen, können Sie jederzeit die Hallen der Weisheit aufsuchen und die Bibliothekswächter nach einem Buch fragen, das Ihnen weiterhilft. Sie werden dort immer einen weisen Rat finden.

ZITRIN

*D*ieser Edelstein steht mit dem Solarplexus und dem Herzchakra in Verbindung.

Ich bin ein Mitglied der Quarzfamilie und trage die zusätzliche Kraft von Eisenspuren in meiner Zusammensetzung. Eisen ist für Euren Blutstrom notwendig, was mich zum idealen Instrument für die Heilung von Erkrankungen des Blutes macht. Daher kann ich bei Hautunreinheiten ebenso hilfreich sein wie bei der Linderung von Anämie.

Ich bin auch als der Stein der Fröhlichkeit bekannt. Ich fördere das Lachen und bringe jedem, der mich trägt, positive Aussichten. Ich bin hervorragend geeignet, um am Körper getragen zu werden, denn dann ermutige ich in allen Menschen einen guten Willen. Haltet mich bei persönlichen Problemen in der Hand und bittet die Seele desjenigen, der Euch Unfrieden bringt, Euch dabei zu unterstützen, wieder Frieden herzustellen. Auf diese Weise wird die Harmonie sich durchsetzen. Auf dieselbe Art könnt Ihr mich einsetzen, um den Ländern der Erde Frieden zu bringen. Bittet einfach darum, daß sich die Seelen der sich bekriegenden Nationen in Harmonie begegnen.

Man sagt, ich werde von der Sonne beherrscht, und so kann ich Euch dabei unterstützen, Mut zu entwickeln und jede Situation zu meistern. Auch werde ich jedem zur Hilfe kommen, der zur Selbsttötung neigt.

Ich bin auch als Stein der Fülle bekannt. Wenn die Lage wirklich schwierig wird, werde ich Euch auch beim Erlangen von Geld behilflich sein, doch bedeutet dies nicht, daß ich die Ansammlung von Reichtümern begünstige. Ich kann Euch jedoch die Weisheit bringen, auf praktische Weise mit der Energie des Geldes umzugehen.

MEDITATION

Wenn Sie diesen Stein in den Händen halten und die Augen schließen, werden Sie sich in einer Atmosphäre des Lachens und Frohsinns wiederfinden. Vielleicht sehen Sie eine Hochzeit, ein Verlobungsfest oder eine andere Feier vor sich, auf der fröhlich zur Musik getanzt wird. Vielleicht entdecken Sie sogar einige Naturgeister, die an den Lustbarkeiten teilnehmen. Geben auch Sie sich der Fröhlichkeit hin und lassen Sie die Freude durch all Ihre Adern fließen. Spüren Sie Ihre Lebendigkeit, Ihr Lächeln, und erheben Sie Ihre Stimme zu Ehren der gesamten Schöpfung. Erfahren Sie die Kraft der Freude mit ganzem Körper und ganzer Seele, und geben Sie sich ihr völlig hin. Sie werden nach der Rückkehr aus der Meditation über eine neue und ungeahnt intensive Quelle der Kraft verfügen, auf welche Sie zu jeder Zeit zurückgreifen können.

DIAMANT

$\mathcal{D}$er Diamant steht mit dem Kronenchakra in Verbindung.

Ich bin das Juwel der Reinheit, des vertrauensvollen Glaubens und der spirituellen Macht. Unglücklicherweise hat der Mensch mich aus Gründen der Habgier gesucht. In der Besessenheit mich aus dem Boden zu graben, wurde Mutter Erde geplündert und mit Narben übersät. Dies habe ich nicht gewählt, und eines Tages wird der Mensch der Erde zurückgeben müssen, was er ihr genommen hat. Ich kann Euch in die Höhen der Erleuchtung und zur Vereinigung mit Eurem höheren Selbst führen. Mit meiner spirituellen Kraft kann ich Euch im Kampf gegen das Böse unterstützen. Ich kann die Angst vertreiben und den Streit beenden.

Wenn ich in einem Ehering getragen werde, kann ich dieser Ehe von Freude erfüllte Einheit und magische körperliche Liebe bringen. Meine Energie wird Euch in jeder Situation Ausdauer verleihen, und am Körper getragen stärke ich die Knochen des menschlichen Skeletts.

MEDITATION

Setzen Sie sich ruhig hin und schließen Sie die Augen. Beobachten Sie nun, wie sich vor Ihrem inneren Auge ein Diamant in all seiner Kraft und Schönheit formt. Wenn er deutlich vor Ihnen steht, beginnt er sachte, sich zu drehen und dabei im wechselnden Licht alle Farben des Spektrums auszustrahlen. Wählen Sie eine bestimmte Facette und Farbe, die Sie in Ihren Geist und in Ihr Herz fließen lassen. Nehmen Sie die Qualität dieser Farbe tief in sich auf. Langsam werden Sie sich eines bestimmten Teils Ihres Lebens bewußt, der Ihrer Aufmerksamkeit bedarf. Denken Sie darüber nach und beobachten Sie, wie sich die negativen Aspekte der Situation in positive zu verwandeln beginnen. Vor Ihren Augen beginnt die schwierige Situation sich zu verändern und zu erneuern. Beobachten Sie aufmerksam und merken Sie sich vor allem, was Sie selbst verändern müssen um diese Verwandlung auch in Ihrem Alltag zu erleben. Wenn Sie diese Maßnahmen nach der Meditation in Ihrem eigenen, persönlichen Leben auch umsetzen, ist eine positive Veränderung der von Ihnen gewählten problematischen Situation gewiß.

SMARAGD

*D*ieser Edelstein steht mit dem Herzchakra in Verbindung.

Ich lehre bedingungslose Liebe und bringe Eure Seele ins Gleichgewicht. Ich bin bei jeder körperlichen Erkrankung nützlich, die von einer Disharmonie verursacht wird. Ich repräsentiere die Waage der Gerechtigkeit und bin der Bote der Weisheit. Salomon brachte mich in seinen Tempel des Gerichts und in jene Kammern, in denen er Staatsentscheidungen traf.

Ich bin auch der Bewahrer der Geheimnisse. Blickt in meine Tiefen und entdeckt die Mysterien des Universums! Doch ich zerstöre auch die Täuschung. Wenn ich während der Meditation in der Hand gehalten werde, zeige ich ein klares und genaues Bild der höheren Astralebenen.

Ich helfe bei der Geburt und verleihe meinem Träger Jugendlichkeit. Man sagt, daß ich das Geheimnis der ewigen Jugend kenne, doch handelt es sich dabei eher um eine innere Verjüngung als um eine körperliche.

MEDITATION

Nehmen Sie einen Smaragd in die Hände und schauen Sie für eine Weile tief in diesen hinein. Schließen Sie dann die Augen und lassen Sie das Bild des Smaragds vor Ihrem inneren Auge entstehen. Bitten Sie darum, an einen Ort auf den höheren geistigen Ebenen gebracht zu werden. Besuchen Sie das Reich der Kinder oder das Reich der Tiere. Wandern Sie durch die Felder des Wissens und sprechen Sie mit Lehrern und weisen Männern. Schauen Sie nach Freunden und Verwandten, die bereits ins Licht hinübergegangen sind. Streicheln und liebkosen Sie Tiere, die Sie aus früheren Jahren noch in guter Erinnerung haben. Wenn Sie genug gesehen und gehört haben danken Sie jedem der Ihnen begegnet ist, und danken Sie auch dem Engel des Smaragds. Sie werden aus der Meditation eine klare und vollkommene Erinnerung des Gesehenen und Erlebten mitbringen.

GRANAT

*D*ieser Edelstein steht mit dem Wurzelchakra und dem Sakralchakra in Verbindung.

Ich bringe Euch Glück und verwandle Tagträume in Wirklichkeit. Legt mich des Nachts unter Euer Kissen. Ich werde Euch ermöglichen Eure Träume zu verstehen. Das tiefe Rot des Feuers kennzeichnet meinen Charakter und zeigt meine Verbindung mit dem Kundalinifeuer sowohl des Menschen als auch des Planeten Erde an. Ich helfe Euch bei der sicheren Führung dieser Energie, doch nur dann, wenn der Empfänger für den Fluß des Schlangenfeuers durch seine Chakren bereit ist.

Ich bin auch in der Lage, den Menschen bei sexuellen Problemen zu unterstützen, indem ich diesen Bereich hoch wogender Gefühle ausgleiche. Ich bringe den Fortpflanzungsorganen Heilung und lindere jede »diesen Bereich betreffende« Erkrankung. Ich lehre die Menschen, daß sie geistige Wesen sind, die einen materiellen Körper bewohnen. Ich vertreibe auch die Verschmutzung im Innern der Erde.

MEDITATION

Suchen Sie sich eine bequeme Stellung aus, in der Sie einige entspannende und tiefe Atemzüge nehmen. Wenn Sie spüren, daß Ruhe in Sie eingekehrt ist, stellen Sie sich einen großen Granat vor, der über unserer Erde schwebt. Beobachten Sie, wie der Granat sanft aber stetig zu leuchten beginnt; ganz schwach erst, doch dann wird sein rötliches Strahlen zunehmend heller und kraftvoller. Sie sehen, wie die Energie des Granats sich in die Atmosphäre des Planeten ergießt und sich auf diesem Wege überall hin ausbreitet; bald schon erstreckt sie sich über alle Flüsse, Seen, Wälder, Berge, Felder und Wiesen hin. Unter dem sanften Fließen dieser Kraft verwandelt sich der gesamte Globus, und schließlich sehen Sie die Erde so vor sich, wie sie in der Dämmerung der Geschichte war, rein und unverdorben. Betrachten Sie voller Freude die Schönheit der Bäume und Wiesen zu einer Zeit, zu der unser Planet noch jungfräulich und von den Exzessen der menschlichen Gier unbeschädigt war. Seien Sie sich dessen bewußt, daß Sie mit jeder Granatmeditation ein kleines Stück dieser Ganzheit wieder herzustellen in der Lage sind. Lassen Sie das Bild nun langsam verblassen und werden Sie sich Ihres Körpers wieder bewußt, ehe Sie die Augen öffnen und in eine Welt zurückkehren, die nun durch Ihr Einwirken ein klein wenig besser und gesünder geworden ist.

JADE

*D*ieser Edelstein befindet sich in Harmonie mit dem Herzchakra.

Ich kann sowohl in dieser Welt als auch in der nächsten Euer Schutz und Euer Führer sein. Obwohl ich langes Leben bringe, kann ich, wenn ich im Augenblick des Todes in der Hand gehalten werde, einen friedvollen Übergang fördern und den Geist in den Tunnel zum Licht bringen. Ich helfe dem Engel, die Seele vom Körper zu lösen, damit dieser nach dem Begräbnis auf natürlichem Wege vergehen und sich auflösen kann. Zu diesem Zweck wurde ich im alten Ägypten eingesetzt.

Auch helfe ich, die durch die Chakren fließenden Energien auszugleichen; daher der weit verbreitete Gebrauch der Jade in östlichen Ländern, in denen die Entwicklung der Chakren allgemein üblich ist.

MEDITATION

Nehmen Sie ein Stück der wunderschönen grünen Jade in Ihre Hände und schließen Sie die Augen. Spüren Sie der sanften Glattheit des Steines nach und fühlen Sie, wie er sich in Ihren Händen erwärmt. Stellen Sie sich nun vor, wie die Energie des Lebens durch Ihre Chakren strömt. Visualisieren Sie, wie sich jedes Zentrum vollkommen ausgleicht. Beginnen Sie mit dem Kronenchakra und verharren Sie in Ihrer Vorstellung bei jedem Energiezentrum einen Augenblick, um die Energie der Jade auf ausgleichende und besänftigende Weise wirken lassen. Schließlich herrscht von Ihrem Kronenchakra bis zur Wirbelsäulenbasis nur noch völlige Harmonie. Kehren Sie dann gestärkt und erfrischt aus der Meditation zurück; jeder erkrankte Teil Ihres Körpers ist nun gekräftigt und neu belebt. Alles ist Frieden. Alles ist Harmonie.

LAPIS LAZULI

Dieser Edelstein steht mit dem Kehlkopfchakra und dem Dritten Auge in Verbindung.

Ich habe das Blau des Nachthimmels und stehe mit dem Mond in Zusammenhang. Deshalb erleichtere ich den Schlaf und verschaffe Euch eine erfrischende sowie heilsame Nachtruhe. Ich werde dem Dritten Auge zugeordnet, was mir ermöglicht, die Entwicklung psychischer Fähigkeiten zu unterstützen. Ich kann bei der Heilung geistiger Probleme hilfreich sein und nehme Euch die Angst.

Ich lindere Schilddrüsenbeschwerden und habe eine starke Verbindung zum Kehlkopfchakra. Dies verleiht mir kraftvollen Einfluß auf jede kreative Tätigkeit.

Aus mir waren die Steintafeln gemacht, die Moses von der Höhe des Berges herabbrachte. In den Tagen von Atlantis und des alten Ägyptens trug man mich auf dem Stirnchakra. Ich schmückte die Arme der griechischen Orakelpriesterinnen, denen ich als Amulett zur Verstärkung, der durch ihren Körper fließenden, psychischen Energien diente.

MEDITATION

Nehmen Sie einen Lapis Lazuli in die Hände und betrachten Sie ihn einige Augenblicke lang. Schließen Sie dann die Augen, atmen Sie einige Male ruhig ein und aus und entspannen Sie sich. Stellen Sie sich nun bei geschlossenen Augen vor auf den Lapis Lazuli in Ihren Händen zu schauen. Jetzt verharrt Ihr Blick nicht an der Oberfläche des Steins, sondern durchdringt diese um tief und immer tiefer in den Stein hineinzusinken. Es ist, als würden Sie in einen Wirbelwind der Gefühle schauen. Um Sie herum wütet ein Sturm, dessen Wetterleuchten den dunklen Himmel erhellt. Im Zentrum dieses Wirbelwinds befindet sich das Auge des Sturms, ein Ort des Friedens und der Gelassenheit. Genau dort stehen Sie nun; der Aufruhr und das Chaos um Sie herum haben nicht die Macht, Sie zu berühren. Nichts kann die Ruhe Ihrer Seele stören, keine Unruhe kann die Stille Ihres Geistes beeinträchtigen. Wenn die Meditation abgeschlossen ist, werden Sie begreifen, daß diese Gelassenheit von nun an ein Teil Ihres Lebens sein wird, denn in jeder Situation gibt es ein „Auge des Sturms". Der Lapis Lazuli zeigt Ihnen die unendlich kostbare Fähigkeit, dieses Auge zu jeder Zeit in Ihrem Inneren finden und sich dort hinein begeben zu können, was immer auch um Sie herum gerade toben mag. Danken Sie dem Engel des Lapis Lazuli und kehren Sie in Ruhe in Ihren Alltag zurück.

MONDSTEIN

*D*ieser Edelstein wird dem Sakralchakra zugeordnet.

Man gab mir diesen Namen, weil meine Erscheinung milchig wie der Mond ist und ich eine Reflexion in Form eines Halbmondes aufweise. Das Licht und die Energie dieses Himmelskörpers fließen durch mich, ich spiegel den weiblichen Aspekt des Mondes sowie die mit Licht und Dunkelheit in Verbindung stehenden Mysterien wider. Deshalb kann ich als glückbringender Talisman getragen werden. Ich kann sowohl bei Beeinträchtigungen der weiblichen Kraft als auch während der Geburt hilfreich eingesetzt werden. Ich erfreue mich an der Schönheit der menschlichen Liebe und unterstütze den Ausgleich jener Gefühle, die am Herzen unerwiderter Liebe nagen. Ich gehöre zu jenen Edelsteinen, die von Liebenden und romantischen Menschen ausgetauscht werden, die den Weg der körperlichen Liebe und sexuellen Erfüllung gehen. In fortgeschrittenen Seelen unterstütze ich die Umwandlung dieser sexuellen Energien in die höheren Zentren.

MEDITATION

Legen Sie einen kleinen Mondstein auf Ihr Herzchakra, schließen Sie die Augen und entspannen Sie sich bei einigen Atemzügen. Nehmen Sie den Mondstein auf Ihrem Herzen wahr. Er ist ein kleines, sanftes Wesen, das auf seine eigene Weise von Herz zu Herz spricht. Stellen Sie sich nun folgendes Bild vor: Es ist eine warme, samtene und tiefe Sommernacht. Um Sie herum ist alles von der Stille des Schlafs umfangen, und die Strahlen des vollen Mondes scheinen auf eine schweigende und unendlich friedvolle Welt herab. Sie liegen unbekleidet auf einem weichen Moospolster und genießen die angenehme, laue Nachtluft. Ihr Körper leuchtet im Licht des Mondes sanft und nimmt dessen Energien auf, die jede Negativität in Ihrem Sakralchakra ausgleicht. Erlauben Sie den Strahlen des Mondlichts, den intuitiven Teil Ihrer Natur zu erwecken und Ihnen ein Bewußtsein Ihres höheren Selbst zu bringen. Sie baden im Mondlicht. Genießen Sie diesen Moment solange Sie möchten, kehren Sie dann wieder an den Ort Ihrer Meditation zurück, um langsam die Augen zu öffnen und sich Ihrer Umgebung wieder bewußt zu werden. Danken Sie dem Engel des Mondsteins für seine Begleitung und segnen Sie ihn.

OBSIDIAN

*D*ieser Edelstein steht mit dem Wurzelchakra in Verbindung.

Ich bin als Schutzstein bekannt, der Euch gegen die Kämpfe in Eurem Inneren ebenso wie gegen Kriege zwischen den Ländern wappnet. Die Menschheit hat die Mineralien tief in der Erde in Instrumente der Zerstörung verwandelt. Ich kann dieses Böse ausgleichen, indem ich der Welt die Engel des Friedens näher bringe. Meine Energie ist von männlicher Art, weshalb ich starke Schwingungen aussenden kann, die nur zum Guten eingesetzt werden dürfen. In dieser Zeit der menschlichen Geschichte – nun, da die Menschheit vom Zeitalter der Fische in das des Wassermanns übergeht – kann ich bei der Ausgleichung des Wurzelchakras und des Sonnengeflechts behilflich sein. In Eurem Immunsystem finden Überreaktionen statt; doch ich kann Euch helfen, den Übergang ohne Qual und Streit zu bewältigen. Ich unterstütze ebenfalls die Transformation Eurer DNS-Struktur, welche Eurem Körper ermöglicht, die Energien des neuen Zeitalters aufzunehmen.

MEDITATION

Halten Sie diesen Stein an Ihr Herz, schließen Sie die Augen und entspannen Sie sich einige Augenblicke lang bewußt. Stellen Sie sich nun jemanden vor, der augenblicklich gegen negative Kräfte anzukämpfen hat. Dies kann eine bestimmte Person sein, die sich unter großem Druck, dem Eindruck eines schweren Verlusts oder auch im Kampf gegen hemmende Einflüsse befindet. Auch können Sie vor Ihrem inneren Auge aber Bild eines Landes erschaffen, welches sich am Rande eines Krieges oder inmitten einer solchen Auseinandersetzung sieht. Auch eine von Armut und Hunger geplagte Region der Erde könnte Ihre Aufmerksamkeit auf sich ziehen. Konzentrieren Sie Ihre Gedanken auf Ruhe und Liebe. Stellen Sie sich vor, wie Harmonie in alle Situationen einkehrt, damit der Frieden erneut das Regiment übernehmen kann. Erlauben Sie den in Ihrem Körper fließenden Energien, Sie in ein Gefäß der reinen Gelassenheit zu verwandeln, und kehren Sie als solches aus der Meditation zurück. Tragen Sie diese Gelassenheit nun an jeden Ort, den Sie am Tag aufsuchen, und werden Sie zu einem steten Quell des Friedens für Ihre Umgebung.

OPAL

*D*ieser Edelstein steht für das Dritte Auge und das Kronen-chakra.

Nicht jeder kann die Pracht meines Steins am Körper tragen, denn ich bringe die Wahrheit, mit der so mancher Mensch nicht leicht zurechtkommt, besonders wenn sich die Wahrheit auf ihn selbst bezieht. Ich bringe Ehrlichkeit und Freiheit von der Korruption, al-so erwartet nicht, daß ich an Eurem Hals bleiben werde, wenn Ihr falsch und heuchlerisch seid. Wendet Ihr mich jedoch auf rechte Weise an, helfe ich Euch, Eure innersten Gefühle zu verstehen. Ich erwecke Euer Kronenchakra und stimuliere die Zirbeldrüse wie auch die Hirnanhangdrüse. Ich helfe Euch dabei, mit Eurem 'Drit-ten Auge' zu sehen und bringe Euren körperlichen Augen Erleich-terung. In meinen Tiefen könnt Ihr die Unschuld der Kinder er-schauen.

MEDITATION

Verwenden Sie diesen Stein nur, wenn Sie Ihr Spiegelbild mit all seinem Licht und Schatten betrachten wollen. Ähnlich wie auch die Eibe wird Ihnen der Opal alles zeigen – auch das, was Ihnen nicht gefällt. Halten Sie sich den Stein einfach vor Ihre Augen und blicken Sie eine Zeitlang in seine Tiefen. Tun Sie dies an einem ruhigen Ort, und lassen Sie Ihre Gedanken einfach aufsteigen, wie sie gerade kommen und auch wieder gehen. Bewerten Sie Ihre Gedanken nicht, sondern beobachten Sie nur; dann werden schließlich jene Einsichten und Erkenntnisse an die Oberfläche Ihres Bewußtseins aufsteigen, die Ihnen der Opal über alle As-pekte Ihrer eigenen Persönlichkeit bringen kann. Sie werden fest-stellen, daß Ihnen diese Meditation Ausgleich bringt und ein Ge-fühl der Demut, wenn Sie erkennen, daß Sie in der Tat ein viel-geliebtes Kind Gottes sind. Bevor Sie in die Wirklichkeit zurück-kehren, stellen Sie sich vor, wie Sie von einem Kreis aus Licht um-hüllt werden. Aus dieser Erfahrung werden Sie das Wissen mitneh-men, daß wir alle auf demselben Pfad zur Erleuchtung wandeln und jeder von uns ähnliche Proben und Prüfungen durchläuft.

ROSENQUARZ

*D*ieser Edelstein befindet sich in Harmonie mit dem Herzchakra.

*Ich bin der Stein der bedingungslosen Liebe. Mein Energie fließt in
Euer Herz und bringt allen anderen Chakren Eures Körpers Freude und Licht. Ich bringe dem verletzten Körper und dem Geist Trost.
Wenn Eure Worte Schaden verursacht haben, kann ich lindern und
besänftigen. Mit dem rosafarbenen Licht meiner Strahlen wasche
ich alle Fehler fort. Nichts vermag der Macht der Liebe zu widerstehen, nicht Tod, nicht Furcht, nicht Zorn und nicht das Böse. Ich
bin der Stein der Erzengel und der Boten der Liebe, die Euer Universum lenken und regieren.*

MEDITATION

Legen Sie sich bequem hin, schließen Sie die Augen und atmen
Sie einige Male ein und aus. Behalten Sie diesen ruhigen Atem
nun bei und werden Sie sich Ihres Körpers bewußt. „Erwandern"
Sie ihn mit der Aufmerksamkeit Ihres inneren Auges; spüren Sie,
wo er schwer und warm auf dem Boden aufliegt und auch, wo
er vielleicht schmerzt oder fest und verhärtet wirkt. Lassen Sie
diesen Stellen einige Augenblicke sanfter Zuwendung zukom-
men, indem Sie sich vorstellen, wie die entsprechenden Regio-
nen von einem warmen, liebenden Energiestrom durchflutet
werden und sich unter dessen Einwirkung wohlig entspannen.
Richten Sie Ihre Aufmerksamkeit nun auf Ihre Organe. Spüren
Sie deren regelmäßiges Pulsieren, ihre stete Arbeit, auf die Sie
sich zu jeder Zeit des Tages verlassen, selbst wenn es Ihnen gar
nicht bewußt ist. Stellen Sie sich nun die Höhle Ihres Herzens
vor, und schauen Sie sich in der rosigen Kammer um, die von
purer roter Lebensenergie durchflutet wird. Bei näherem Hinse-
hen stellen Sie fest, daß ein Rosenquarz in diese Höhlung ein-
gebettet liegt. Er leuchtet und pulsiert im selben Rhythmus wie
Ihr Herz. Langsam wird sein Strahlen klarer und intensiver; lassen Sie diese Schwingungen nun über Ihr eigenes Herz in die
Welt hinaus fließen, wo sie heilen, trösten und reine, bedingungslose Liebe verbreiten können. Hüllen Sie mit diesem
Leuchten ganze Länder, Völker und die gesamte Schöpfung
Gottes ein. Erschaffen Sie vor Ihrem inneren Auge das Bild einer

Welt frei von Streit und einer Erde, die wiederum zum Paradies für Engel und Menschen geworden ist. Am Schluß der Meditation sehen Sie sich selbst in einem Kreis aus Rosenquarzkristallen sitzen und spüren die bedingungslose Liebe, welche die Devas dieses Steins über Sie ergießen. Danken Sie dem Engel des Rosenquarz dann und bitten Sie ihn, Sie in Ihren Alltag zu begleiten.

RUBIN

*D*ieser Edelstein steht mit dem Wurzelchakra und dem Herzchakra in Verbindung.

Ich komme aus der Sonne. Die rote Farbe meines Edelsteins bringt dem Blutstrom Heilung. Ich neutralisiere Gifte und habe großen Einfluß auf das Immunsystem.
Ich strahle starke männliche Energien aus, die Böses und Negatives bekämpfen – besonders jene Laster, die aus Lemuria und Atlantis stammen. Ich werde vom Erzengel Michael und seiner Engelschar verwendet. Mit meiner Hilfe überwinden sie die Dunkelheit und bringen Licht auf Euren leidvollen Planeten.

MEDITATION

Sie können diese Anweisungen in Ihrer Vorstellung oder auch wirklich draußen in der Natur ausführen. Entspannen Sie sich zunächst, und nehmen Sie dann einen Rubin in die Hände. Halten Sie diesen in Ihren ausgestreckten Händen der Sonne entgegen. Stellen Sie sich vor, wie das Licht des Steins von Ihren Händen ausgehend jeden Ort der Erde erreicht und beobachten Sie, wie die unseren Planeten umgebende Dunkelheit dem Glanz dieses Lichtes weicht. Lassen Sie die Strahlen des Rubins auch tief in die Erde hinein sinken und beobachten Sie dabei, wie die Gedankenformen, die unsere Welt vergiften, sich langsam auflösen. Sehen Sie die Erde nun so vor sich, wie sie in Zukunft sein wird – eine Kugel aus reinem Licht, ein vollkommenes Gefäß für die mächtigen spirituellen Wesen, deren materielle Erscheinungsform die Erde ist. Hören Sie das Jauchzen der Engel und den Lobgesang aller Wesen, der einsetzen wird, wenn dieser heilige Zustand wieder erreicht ist. Lösen Sie sich dann langsam von diesem Bild. Bedenken Sie: Mit jeder Meditation, die Sie mit

Hilfe des Rubins der Erde widmen, stellen Sie einen kleinen Teil der ursprünglichen Einheit unseres Planeten wieder her.

SAPHIR

*D*ieser Edelstein steht mit dem Herzchakra und dem Dritten Auge in Verbindung.

Ich freue mich immer, wenn ich von Liebenden als Verlobungsring getragen werde, denn ich bin ein Symbol für vollkommene Hingabe und Vertrauen. Wenn ich die Menschheit betrachte, spüre ich enormes Mitgefühl; so bin ich der ideale Stein für all jene warmherzigen Menschen, die am liebsten die leidendende Schöpfung in ihre Arme schließen möchten. Ich bin Liebe, ich bin Mitgefühl, ICH BIN. Ich höre nichts Böses, ich sehe nichts Böses, ich spreche nichts Böses. Ich bin der Edelstein der Philantropen und der Wohltäter, der die verirrt umherwandernden Kinder Gottes tröstet. Ich bringe das verlorene schwarze Schaf wieder zu seiner Herde zurück.

Ich bringe Reinheit und Keuschheit. Wenn man mich auf den Körper legt, kann ich Fieber lindern, Entzündungen mindern und Hautunreinheiten verschwinden lassen.

MEDITATION

Schließen Sie die Augen und entspannen Sie sich. Halten Sie dann einen Saphir an Ihr Herz und stellen Sie sich vor, wie dessen Leuchten sich mit dem Glanz Ihres Herzzentrums vereinigt. Beobachten Sie, wie das aus dieser Vereinigung entstehende Licht einige Augenblicke sanft pulsiert, ehe es stärker, heller und intensiver wird. Lassen Sie das Licht des Saphirs nun von Ihrem Herzchakra aus in die Welt hinaus leuchten, damit er den Vertriebenen, den Heimatlosen, den Hilflosen und den Verlorenen Hoffnung und Trost bringt. Stellen Sie sich vor, wie das Licht des Edelsteins all jene in einen sicheren Hafen führt, die ihren Weg verloren haben. Lassen Sie den Saphir zum Symbol jener Menschlichkeit werden, die der Mensch dem Menschen entgegenbringt. Bitten Sie den Stein am Ende der Meditation, Sie in Ihre eigene innere Heimat zu führen. Wenn Sie dort angekommen sind, betrachten Sie Ihre Umgebung und versuchen Sie, alle Details in sich aufzunehmen. Sie können jederzeit an diesen

Ort zurückkehren. Bedanken Sie sich schließlich beim Engel des Saphirs und werden Sie sich langsam wieder Ihres Körpers bewußt, ehe Sie die Augen öffnen und aus Ihrer inneren Heimat heraus in den Alltag zurückkehren.

SELENIT

Dieser Edelstein ist auf höchst machtvolle Weise mit dem Kronenchakra verbunden.

Ein amerikanischer Freund gab mir mal ein kleines Stück Selenit und sagte mir, es würde Veränderungen in mein Leben bringen. Mein ganzes Leben war plötzlich auf den Kopf gestellt, und ich erlebte mich dabei, wie ich Situationen in Angriff nahm, von denen ich niemals geglaubt hatte, daß sie mir begegnen würden. Ich begann damit, Bücher und Artikel zu schreiben, Interviews zu geben und rund um die Welt Vorträge sowie Seminare zu halten. Dies hat mir der Geist des Selenit mitgeteilt:

Ich bin der Stein der Veränderung auf allen Ebenen und in allen Bereichen des Bewußtseins, sowohl für die Menschheit als auch für den Planeten Erde. Wenn Ihr Euch mit meiner Energie vereinigt, ist es von großer Bedeutung, daß Ihr für die daraus resultierenden Verschiebungen auch bereit seid. Ich werde Euch in die höheren Zentren oberhalb Eures Kronenchakras tragen und helfe der Menschheit beim Übergang in das 'Goldene Zeitalter'. Wie beim Ast, der sich geschmeidig biegt, wenn der Wind ihn zu Boden drückt, sorge ich dafür, daß auch Ihr unter dem Druck der Veränderung nicht reißt und zerbrecht. Ich arbeite mit dem Christuslicht, das auf Eurer materiellen Ebene stetig stärker wird. ICH BIN LICHT, ICH BIN LICHT, ICH BIN LICHT.

MEDITATION

Meditieren Sie mit dem Selenit nur, wenn Sie Veränderungen in Ihrem Leben willkommen heißen können. Erinnern Sie sich an die Worte der Jünger: „Nicht mein Wille geschehe, sondern der Deine, oh Herr". Schließen Sie die Augen, schaffen Sie innere Ruhe in sich und nehmen Sie dann einen kleinen Selenit in die Hand. Wie fühlt er sich an? Können Sie die Energie wahrnehmen, die von ihm ausgeht? Lassen Sie die Energie des Selenits nun durch all Ihre Chakren fließen; beginnen Sie ganz oben mit dem Kronenchakra und stellen Sie sich vor, wie das gesamte Zentrum vom Leuchten des Selenit erfüllt wird. Lassen Sie den Strom einfach sich ergießen und unter dem unermüdlichen Nachschub des Steins in Ihren Händen vom Kronenchakra bis zu Ihrem Dritten Auge fließen. Auch dieses Zentrum füllt sich mit der Energie des Selenit, und so fort, bis alle Chakren im sanften Glanz der Energie des Steins leuchten. Erheben Sie Ihr Bewußtsein in Ihrer Vorstellung nun zum höchsten Punkt des Lichts und spüren Sie, wie Sie von Liebe, Macht und Weisheit aus den geistigen Reichen erfüllt werden. Bitten Sie darum, daß Gottes Schutz Sie in den folgenden Wochen umgeben möge. Kehren Sie nun erfrischt und gestärkt in den Alltag zurück.

TIGERAUGE

*D*ieser Edelstein steht mit dem Solarplexus und dem Kehlkopfchakra in Verbindung.

Tiger, Tiger leuchtet sacht in den Wäldern dieser Nacht ...

Ich bin stählern und seidenglänzend zugleich. Ich bringe Euch Liebe, Vertrauen in Eure Fähigkeiten und die Kraft zur Überwindung aller Probleme des Lebens. Ich bin mit Eurem Sonnengeflecht und dem Kehlkopfchakra verbunden. Weil ich Euch Selbstwert lehre, bin ich ein vorzüglicher Heiler bei Asthma und Problemen des Verdauungssystems. Ich helfe Euch dabei, richtig zu atmen, damit Eure Lungen die Liebe und Weisheit Gottes aufnehmen und diese Tugenden in der ganzen Umgebung verbreiten können.

MEDITATION

Atmen Sie tief ein und entspannen Sie sich. Stimmen Sie sich nun auf das Tigerauge ein und versuchen Sie, seine Eigenheiten zu erspüren. Stellen Sie sich einen klaren, lauen Sommerabend vor. Die Sonne ist gerade untergegangen, und das Rot ihres Abschieds überzieht den gesamten Horizont. Anfangs ist es noch hell und leuchtend, doch mit den verstreichenden Minuten wird es immer dunkler und sanfter, bis es beinahe mit dem tiefen Blau der anbrechenden Nacht eins ist. In diesem Augenblick sehen Sie am Horizont das Licht des Planeten Venus aufleuchten. Es beginnt als winzig kleiner Punkt um schnell immer größer und intensiver zu werden. Das Licht ist von solch warmer Herzlichkeit, daß Sie sofort wissen, worum es sich dabei handelt: um das Licht der Liebe. Atmen Sie nun tief ein und spüren Sie dabei, wie das Licht der Liebe in Ihre Lungen eintritt und von dort aus Ihren ganzen Körper erfüllt. Atmen Sie nun seinen Glanz aus, so daß er Ihren ganzen Körper umhüllt. Erkennen Sie sich selbst als ein Kind Gottes, ein Abbild Seiner Liebe. Sie wissen, daß alles gut ist – es gibt nichts zu fürchten – und daß alles im Geist und Herzen Gottes bewahrt ist. Genießen Sie diesen Moment noch ein wenig, bedanken Sie sich beim Engel des Tigerauges und kehren Sie wieder in ihren Alltag zurück.

TOPAS

*D*ieser Edelstein steht in Beziehung zum Kehlkopfchakra.

Ich bin ein Edelstein, der Euch mit den höheren Astralebenen verbindet. Legt mich nachts unter Euer Kopfkissen, und ich werde Euch klare, sorgenfreie Träume bringen. Ich werde Euch an viele schöne Orte bringen, die auf den höheren Astralebenen so reichlich vorhanden sind. Ihr werdet wundervolle Musik hören, werdet im Reich der Kinder und der Tiere wandeln und die Tempel der Heilung in den Gärten der Ruhe betreten.

Ich schütze auch alle Reisenden. In Eurer Tasche getragen werde ich Euch vor Unglück und plötzlichen Unfällen bewahren, wenn Ihr Euer Heim verlaßt, um auf den Straßen des Lebens zu wandern.

MEDITATION

Nehmen Sie sich einen Augenblick Zeit, um in Ihrem Inneren etwas Ruhe zu schaffen. Halten Sie dann den Stein an Ihr Herzchakra. Stellen Sie sich vor, wie Sie im Schutze des Topas die geistigen Ebenen durchstreifen, um deren filigrane Herrlichkeit zu erschauen. Lassen Sie die Visionen von Schönheit und Zufriedenheit in sich aufsteigen. Der Topas ist ein idealer Reisebegleiter. Er wird unterwegs immer um Ihren Schutz bemüht sein. Stellen Sie sich zum Schluß vor, wie Sie Ihren Körper in einen Umhang aus reinem weißen Licht hüllen, bevor Sie sich lang-

123

sam wieder Ihrer Umgebung bewußt werden und die Augen öffnen. Auf diese Weise tragen Sie den Schutz des Topas immer mit sich, und nach der Rückkehr aus der Meditation werden Sie sich in Frieden mit sich selbst wiederfinden und keine Furcht mehr vor dem haben, was der nächste Tag Ihnen bringen mag.

TURMALIN

*D*ieser Edelstein befindet sich in Harmonie mit dem Stirnchakra.

Ich bin als Reinigungsstein des Mineralienreichs bekannt. Wenn meine Energie Euch durchfließt, reinigt sie jedes Chakra und jedes Atom Eures materiellen wie auch ätherischen Körper. Deshalb bin ich ein machtvoller Heiler bei jeder Form von Blockade und bei Erkrankungen auf jeder Ebene des Bewußtseins. Ich lindere Verstopfungen und leiste bei jenen psychiatrischen Erkrankungen, die von den geistigen Ebenen ausgehen, vorzügliche Arbeit. Ich lindere, tröste und reinige den verhärteten Geist, indem ich alle negativen und aufdringlichen Gedankenformen fortwasche.

MEDITATION

Sie können diesen Stein dazu verwenden, um Blockaden in Ihrem Geist aufzulösen Wenn Sie wissen, daß Sie sich in einer bestimmten Situation regelmäßig stur und dickköpfig verhalten oder auch einfach nicht wissen, warum Sie an einem speziellen Punkt irgendwie nicht weiterkommen, visualisieren Sie die Situation so detailliert wie möglich; unter Umständen sind gerade jene Einzelheiten der Schlüssel zur Lösung, die Sie im Augenblick gar nicht als wichtig betrachten. Bitten Sie den Engel des Edelsteins die Visualisation mit seiner kraftvollen Energie zu durchdringen. Beobachten Sie das Bild nun genau: Jede Veränderung kann zum Verständnis des Problems beitragen. Achten Sie auch auf die in Ihnen aufsteigenden Gedanken und Ideen. Selbst körperliche Wahrnehmungen können Ihnen unter Umständen weiterhelfen. Sie müssen wissen, daß man für jede Situation eine Lösung finden kann, die allen Beteiligten nutzt. Dies ist besonders hilfreich, wenn man mit Nachbarn oder zankenden Verwandten unterschiedlicher Meinung ist. Bedanken Sie sich am Ende der Meditation beim Engel des Turmalins und kehren Sie sanft und sicher in Ihre gewohnte Umgebung zurück.

Dies sind nur einige der Edelsteine die in noch zu entdecken-
den Schatzkammern auf den Menschen warten, damit dieser ihre Bedeutung für die Evolution der Menschheit begreift. Umgebt
sie mit Liebe, meine Freunde, und Ihr werdet viele ihrer Geheimnisse entschlüsseln. Die Edelsteine werden Ihnen ihre Mysterien, aber auch ihre Pracht enthüllen und es Ihnen so ermöglichen, einen Blick auf deren eigenen Pfad zur Erleuchtung
zu erhaschen.

Bevor ich dieses Buch beende, möchte ich mit Ihnen ein sehr
tiefes Erlebnis teilen, das mir in Südafrika widerfuhr. Meine ganz
besondere Freundin Su MacIntyre und ich begaben uns eines
Morgens zum Plateau des Tafelbergs. Da der Berg nicht in seinen üblichen Nebel gehüllt war, lag er sehr klar vor uns. Das erste, was ich sah, war ein auf einem Felsen sitzender Elf und Su
bemerkte, daß sich ein rosafarbener Dunst um den Rand des
Berges zu formen begann. Plötzlich zeigte sich uns zu unserem
höchsten Erstaunen der Wächter des Berges selbst. Wir sahen
riesige rote und orangefarbene Ströme in den Himmel fließen
und wurden Zeugen der Kraft und Vitalität dieser mächtigen En-
gelwesenheit.

Jeder Berg, jedes Tal, jeder Wald und jeder See hat einen solchen
machtvollen Wächter, welcher das Wachstum und die Entwicklung seines Reiches überwacht. Sie hüten ihre Geheimnisse und
beobachten die in ihrem ätherischen Körper wirkenden Naturgeister. Wenn wir wieder gelernt haben, uns mit diesen enor-
men Kräften zu verbinden, werden wir gemeinsam an der Herrlichkeit von Mutter Erde arbeiten.

Bevor wir diese Reise in das Reich des Engelszaubers beenden,
möchte ich noch zwei weitere Gefäße des Lichts ehren. Eines
ist der Pan, der alles Leben mit seiner Aura durchdringt und dessen materieller Körper die Gestalt eines prachtvollen Zentauren
hat – halb Mensch, halb Pferd. Das andere ist der Geist der Erde, dessen Bild in meinem Wohnzimmer hängt, damit ich
während meiner täglichen Aufgaben seine Schönheit betrachten kann. Das Gemälde zeigt den Geist der Erde als junges
Mädchen mit fließendem Haar. Sie hält die Welt in ihren Armen,
und in ihrem Gewand sind viele Tiere und Geschöpfe der Erde
eingehüllt. Wasser und Fische aus der Tiefe der See fließen ihre
Arme herab. In ihrem Haar tummeln sich Vögel und ihre Füße

125

wachen über Hasen und Füchse. So habe ich sie auch in meinen Meditationen und Heilungsgebeten immer vor mir gesehen. Diese beiden Wesen gaben mir für die Leser meines Buches diese Schlußbotschaft:

Die Zeiten, da sich die Menschheit unserer Gegenwart bewußt war und uns als reale Wesen anerkannt hat, sind lange vergangen. Eure Gleichgültigkeit und Eure vollständige Unkenntnis unserer natürlichen Gesetze macht uns traurig. Viele Tiere und Naturgeister haben Eure Länder verlassen, und Teile Eures Planeten sind durch Eure Lieblosigkeit unbewohnbar geworden.
Nun jedoch erwacht Ihr und öffnet Euer Herz wieder für das Bild Eures einstmals so gefeierten Planeten. Und wieder beobachtet Ihr die Geistwesen der Natur und die Pracht der Tier- und Baumdevas. Es macht unsere Herzen glücklich, daß wir einander wieder die Hände reichen und Seite an Seite in Frieden und Harmonie wandeln können. Wir bitten darum, daß jene unter Euch, die unsere Pracht erblicken können, ihren jüngeren Brüdern und Schwestern von der Notwendigkeit erzählen, zurückzugewinnen, was dereinst verloren ging. Auf diese Weise ist es möglich, daß wir einander bewußt wiederbegegnen. Dann könnte diese Welt ihre Schwingungen ohne die Notwendigkeit großer Erdbewegungen und chaotischer Ereignisse verändern.

Wir verlassen Euch nun mit der Bitte,
von Euch in Eure Gedanken und Meditationen
eingelassen zu werden, damit Eure Herzen
sich in bedingungsloser Liebe für die
gesamte Schöpfung vereinen können.

Ich hoffe, daß Sie an diesem Engelbuch Vergnügen gefunden haben und daß es Ihnen dabei hilfreich ist, jene Freude und Liebe zu entdecken, die diese Wesen in Ihr Leben bringen können. Wenn Sie gerne Gastgeber für einen meiner Workshops sein möchten oder mir auch einfach nur schreiben wollen, senden Sie bitte einen adressierten und mit einer Briefmarke versehenen Umschlag an:

Lorna Todd, P.O.
Box 1109, Portslade, Brighton,
BN42 4PP, England

126

Mysterium des Übersinnlichen
Band 1

Jürgen Grasmück (Hrsg.)
DIMENSION XY
Sensationelle Erlebnisse zwischen Diesseits und Jenseits

Die Welt, die wir sehen, ist eine Wirklichkeit,
Die Welt, die wir nicht sehen — eine andere.
Und manchmal vermischen sich diese beiden Realitäten, und es geschehen Dinge, die es »eigentlich« nicht geben dürfte — nach unserem bisherigen Wissens- und Forschungsstand. Doch die Natur schert sich wenig darum, was wir wissen und was nicht.
Sie läßt einfach geschehen... und so ereignen sich in der Zwielichtzone des Lebens Vorgänge, die uns staunen lassen, die uns verwirren oder faszinieren. Und jedem einzelnen von uns kann morgen oder schon in der nächsten Minute selbst passieren, was er bisher für »unglaublich« oder gar »unmöglich« hielt.

Format: 13,5 x 21,5 cm, geb.,
Umschlag Glanzfolienlaminierung, ca 128 Seiten,
DM 24.80 / SFr 22.80 / ÖS 180.00, ISBN 3-931723-05-4

Warum begegne ich Menschen aus früheren Leben wieder?

Paul Busson
DER SEELENWANDERER
Die Wiedergeburt des Melchior Dronte

Seit frühester Kindheit wird ein Mann von seltsamen Träumen heimgesucht. Bis er begreift: Ich habe schon mehrere Male gelebt, meine Seele hat viele Jahrhunderte durchwandert. Die Seele wandert weiter in einen neuen Körper, in eine neue Existenz, und wir verstehen, warum wir den Menschen wiederbegegnen, die schicksalshaft mit uns verbunden sind. In diesem Meisterwerk von Paul Busson mischen sich großartiges dichterisches Können mit mystischem Erleben. Ein großer esoterischer Roman.

»Dieses Buch hat mein Leben verändert«. (Penny McLean)
Ein spannendes Buch voller Überraschungen!

Format: 21 x 15 cm, geb., 304 Seiten, 7 schw./w. Ill.,
mit einem Vorwort v. Penny McLean
DM 36.00/SFr 33.00/ÖS 263.00/ISBN 3-931723-00-3